JEUX DE POUVOIR

MATHIEU GALLET

JEUX DE POUVOIR

BOUQUINS

document

92, avenue de France, 75013, Paris
ISBN : 978-2-38292-228-6
Dépôt légal : mai 2022

À Geneviève et Jean, Louisette et Pietro,
mes grands-parents.

Au lecteur

Le récit qui va suivre se déroule sur sept années, de 2014 à 2021, de mon arrivée à Radio France jusqu'à la décision de la cour d'appel de Paris qui m'a partiellement relaxé pour des faits passés, quand je dirigeais l'INA (2010-2014), et qui ont conduit à ma révocation de la radio publique, en janvier 2018.

J'avais à ce moment-là reçu plusieurs sollicitations pour raconter mon histoire, revenir à chaud sur cette trajectoire balzacienne d'un provincial « monté » à Paris pour y réussir sa vie sociale avant de s'en faire exclure par quelques forces obscures – la grande bourgeoisie, l'intelligentsia, l'énarchie ? Un monde qui n'était pas le mien.

Je n'avais pas voulu répondre à ces attentes éditoriales car j'avais trop vite décidé de passer à autre chose, de recommencer ailleurs comme on s'attendait alors à ce que je le fisse – « Mais où va-t-il rebondir ? » L'aventure entrepreneuriale avait commencé très vite après mon départ contraint de Radio France.

Je crois aussi aux vertus du temps, de la distance et de la nuance.

Une partie de cette histoire a été racontée par la presse, souvent avec talent, parfois avec malveillance – il faut bien vendre du papier et des abonnements numériques ! Mais elle ne l'a jamais été de l'intérieur, du point de vue de celui qui l'a vécue.

On a dit que si tout cela avait mal fini pour moi, c'était à cause d'elle et de lui. Elle, la rumeur qui, à partir de 2016, m'a prêté une liaison cachée avec celui que personne n'imaginait alors devenir le huitième président de la Ve République. Lui, parce qu'Emmanuel Macron m'aurait fait payer mon peu d'entrain à démentir un bruit qui ne visait qu'à lui nuire. La vérité n'est pas univoque dans toute cette (més)aventure et je tenterai d'en donner des éclairages, forcément subjectifs, de partager mon ressenti en laissant de côté toute forme de ressentiment qui n'est pas dans ma nature.

Les personnages qui ont peuplé mon quotidien au cours de ces années à Radio France, et bien avant, au ministère de la Culture, à Bercy, à l'INA ne sont pas tous des héros – loin de là – mais je n'en ferais pas des salauds pour autant. Ces femmes et ces hommes sont avec le recul, dessinés à grands traits, telle une ligne claire, nette et sans ornement. Le temps a fait son œuvre pour ne garder que l'essentiel de chacun et de chacune, dans son humaine condition.

Cette histoire ne serait pas complète si elle ne correspondait aussi à un cycle, au temps d'un amour. Je l'appellerai Antoine et nous avons partagé six années de vie ensemble pendant cette période. Sa présence à mes côtés aura son importance. Il m'a permis d'assumer socialement la vie amoureuse que je vivais dans l'intimité depuis longtemps déjà. Il m'a renvoyé pendant toutes ces années un miroir vers le passé, celui d'un jeune provincial parti à la conquête de Paris, celui de l'ancien élève devenu à son tour maître. Du Balzac des *Illusions perdues* avec une touche de *Pygmalion* de George Bernard Shaw.

J'ai eu envie d'écrire ce récit comme j'aurais aimé le lire sous la plume d'un autre. J'ai hésité à reprendre la mise en abîme superbe qu'avait utilisée Gertrude Stein dans *L'Autobiographie d'Alice B. Toklas*. L'écrivaine américaine faisait écrire par sa compagne, Alice, sa vie d'intellectuelle dans le Paris des années 1920. J'avais découvert ce livre à 25 ans et son procédé littéraire m'avait convaincu depuis qu'on pouvait écrire sur soi-même à travers les yeux d'un(e) autre. C'était ambitieux, peut-être trop car mon éditeur et ami Jean-Luc Barré m'en a dissuadé, craignant que l'on me reproche d'écrire sur moi à la troisième personne du singulier. Alors, va pour le *je*.

Pour mobiliser mes souvenirs, plusieurs années après les faits, je me suis appuyé sur les albums photos classés rigoureusement par mon iPhone depuis 2014. Il m'a été précieux pour restituer une scène, un lieu, une atmosphère. Ces images du passé ont été autant de madeleines de Proust numériques.

Enfin, il est une personne qui m'a aussi encouragé, à sa manière, à me mettre à l'ouvrage, c'est ma mère.

« Si tu n'écris pas cette histoire, c'est moi qui le ferai ! » m'avait-elle lancé mi-amusée, mi-sérieuse au moment où j'attendais la décision de la cour d'appel, en février 2021.

Elle avait hésité une première fois à prendre la plume après l'initiative de mon ancienne institutrice de maternelle, laquelle avait écrit une lettre à la ministre de la Culture au moment de ma révocation de Radio France. Celle qui m'avait appris à écrire et à compter presque quarante ans plus tôt y dénonçait l'attitude du pouvoir qu'elle tenait pour responsable de l'injustice qui m'était faite. Maman lui avait alors conseillé d'écrire aussi à Brigitte Macron.

Ma mère aurait certainement beaucoup à dire sur les sentiments mêlés qu'elle a gardés de mes succès et mes déboires au cours de ma relativement jeune carrière. Je lui laisserai donc le soin d'écrire une suite à cette histoire qui commence par un coup de téléphone.

Message personnel

« Allô, Mathieu, c'est Emmanuel Macron. Je voulais vous dire que j'ai parlé de nous hier au soir ! »

Il était environ 9 h 45. Éric, mon chauffeur depuis dix ans, m'avait laissé depuis une quinzaine de minutes au pied de la « Maison ronde ». Je venais de gagner le bureau en bois de palissandre devenu hélas si célèbre, au troisième étage, et j'avais demandé à Monique et Gaël de m'y rejoindre quand mon portable s'était mis à vibrer : « appel entrant ».

Monique Denoix était la directrice de la communication de Radio France et Gaël Hamayon, son adjoint en charge des relations avec la presse. Depuis la veille, dans la soirée, leur service était sur le qui-vive.

J'avais mis sur haut-parleur mon répondeur pour que nous puissions tous les trois écouter le message que venait de me laisser le candidat à l'élection présidentielle.

Sa voix était enjouée comme celle d'un gosse pas mécontent de partager le mauvais coup qu'il vient de faire avec un partenaire de jeu. On percevait même un sourire enfantin, amusé dans le ton qu'il s'était donné pour dire « nous ».

Ce « nous » qui n'en était pas un, mais que la seule prononciation par l'un de ses deux protagonistes suffisait à faire exister. Ce « nous », c'était Emmanuel et Mathieu. Ce « nous », c'était une fiction, mais elle semblait tellement crédible que le futur président de la République avait décidé de la rendre possible par la parole.

Quand j'avais vu apparaître un appel masqué sur mon iPhone, j'avais décidé de ne pas y répondre. Par principe, car je n'aime pas les appels cachés qui sentent trop souvent le vendeur de placements financiers, mais aussi par prescience comme si j'avais deviné quel était l'interlocuteur qui cherchait à me joindre en ce mardi matin de février. Et il n'appelait pas pour me proposer une assurance-vie.

Depuis la veille, les réseaux sociaux s'enflammaient pour quelques mots.

« Si dans les dîners en ville, si dans les boucles de mails, on vous dit que j'ai une double vie avec Mathieu Gallet ou qui que ce soit d'autre, c'est mon hologramme qui soudain m'a échappé, mais ça ne peut pas être moi ! »

Le candidat avait régalé une salle déjà acquise lors d'une soirée organisée par ses soutiens à Bobino, un ancien music-hall du quartier Montparnasse, en tournant à la dérision un bruit qui n'avait que trop circulé depuis des mois. La référence à l'hologramme utilisé par son adversaire politique d'extrême gauche, Jean-

Luc Mélenchon, pour dédoubler sa présence en meeting avait parfaitement rempli son rôle : user de l'humour pour tordre le cou à la rumeur.

Celle-ci était assumée, l'image était détournée, l'identité était révélée.

Je ne savais alors pas que les conseillers d'Emmanuel Macron avaient volontairement laissé enfler la rumeur pour en tirer profit en pleine campagne présidentielle, comme l'un d'eux l'avouera plus tard au journaliste d'investigation Marc Endeweld[1].

Passa un court instant de silence – en langage radiophonique, on dit un blanc – avant que je me retourne vers mes deux communicants. Ils avaient deviné que derrière un visage qui se voulait impassible, je dissimulais des sentiments contrariés. Pour être franc, je n'avais pas aimé que mon nom soit ainsi donné au public.

« Il a bien fait de banaliser ce méchant bruit en l'assumant et en le détournant. C'était bien de prendre le parti d'en rire, lançai-je à Monique et Gaël, assis en face de moi, leurs visages circonspects. Mais il fallait m'en parler avant, il aurait dû me prévenir, peut-être même qu'on aurait pu se coordonner. C'est pas comme si son équipe de campagne ne parlait pas avec la mienne depuis des semaines, n'est-ce pas Monique ? » Je n'avais pas apprécié la méthode, et ma

1. « Nous avons sciemment relayé l'histoire sur Mathieu Gallet qui était totalement fausse, pour piéger nos ennemis, et tuer la rumeur une bonne fois pour toutes ! », *Le Grand Manipulateur, Les Réseaux secrets de Macron*, Marc Endeweld, Stock, coll. Points, 2020.

voix blanche et monocorde suffisait à trahir ce que je pensais.

Monique et Gaël n'avaient rien perdu du message téléphonique que le futur président de la République venait de me laisser. Ces deux témoins n'en diraient rien, bien sûr. Mais je lisais dans leurs regards accablés : « Les emmerdes ne vont pas s'arrêter de sitôt ».

Radio France, écoutez la différence

Pour diriger Radio France, le Conseil supérieur de l'audiovisuel m'avait élu à l'unanimité le 24 février 2014. Le président François Hollande avait promis, après son élection en 2012, de redonner à cette instance indépendante le pouvoir de désigner les dirigeants de l'audiovisuel public. Le président socialiste l'avait fait autant par conviction que pour se démarquer de son prédécesseur Nicolas Sarkozy qui avait souhaité nommer lui-même à ces postes réputés stratégiques. Je gardais en mémoire la bataille parlementaire que Christine Albanel, ministre de la Culture et de la Communication dont j'étais le conseiller pour les médias, avait dû livrer afin de faire passer cette réforme en 2008. L'opposition de gauche avait brandi en plein hémicycle des pancartes ORTS en référence à l'ORTF dont la mémoire collective avait conservé l'image d'un monopole soumis au pouvoir gaulliste, pour dénoncer la supposée mainmise sarkozyste sur les médias publics. Moi qui avais défendu les vertus du pouvoir que s'arrogeait le président de la

République, j'allais bénéficier des changements opérés par son successeur... Mais ce n'était pas le moindre des paradoxes dans cette affaire.

Avant de rejoindre l'INA en 2010, j'avais servi pendant quatre années dans les cabinets ministériels sous Jacques Chirac puis Nicolas Sarkozy. Bien qu'issu d'une famille de gauche, mes convictions politiques penchaient davantage à droite depuis l'élection de 2007. Plus favorable à l'émancipation personnelle qu'au nivellement de tous au sein de la communauté nationale, je me retrouvais dans les valeurs de liberté, de travail et d'autorité qui sont en général associées à la droite. Mon attachement à la laïcité, héritage familial cette fois, m'avait aussi détourné d'une gauche qui n'était plus celle de Waldeck-Rousseau, mais dérivait progressivement vers un communautarisme à l'anglo-saxonne à l'opposé de mes convictions républicaines.

Le nouveau pouvoir socialiste en place n'ignorait pas le passé qui était le mien sous les gouvernements de droite. Quand, à l'automne 2013, la perspective de voir le CSA reprendre à l'exécutif cette prérogative de nomination devint une réalité légale, j'avais commencé à songer à la présidence de Radio France. «Pourquoi pas moi?» J'avais pris un verre, un vendredi soir, avec la journaliste Sylvie Pierre-Brossolette qui siégeait au CSA depuis un peu plus d'un an. Je lui soumis l'idée qu'elle trouva immédiatement intéressante. «On cherche une femme mais il n'y a aucun nom évident. Alors un jeune, ça pourrait être une très bonne idée», me confia-t-elle, en commandant une bouteille de sauvignon blanc. À défaut d'entrer dans la catégorie des *first best*, je pouvais espérer figurer parmi les *second* !

« Je vais en toucher deux mots au président, me dit-elle, et je te tiens au courant. » Et elle finit de vider son verre.

Le samedi matin, elle me rappela. Le feu était au vert.

Olivier Schrameck, haut fonctionnaire réputé austère et engagé à gauche (notamment au cours des cinq années de cohabitation de 1997 à 2002 comme directeur de cabinet de Lionel Jospin à Matignon) ne s'était pas opposé à ma démarche. Peu avant Noël, je le rencontrai pour une discussion en tête-à-tête.

— Je ne tiens pas à jouer les lièvres, monsieur le président, lui précisai-je directement. Si mes états de service sont un problème, dites-le moi tout de suite.

— Il n'y a pas de sujet pour moi. Tout est ouvert. Allez-y donc.

Je le connaissais peu, ne l'ayant fréquenté que dans un cadre professionnel – lui et son collège étaient venus visiter l'INA à Bry-sur-Marne à la rentrée 2013 – et nous n'avions pas de connaissances en commun. Je n'étais pas issu du Conseil d'État, maison dont il était un membre éminent en tant que président de section, ce qui me privait de tout lien intergénérationnel possible avec lui. Pourtant, l'on chercha bien par la suite comment ce Parisien, cet homme de droit froid et distant avait bien pu s'enticher d'un Rubempré monté à la capitale depuis son Lot-et-Garonne natal.

Certains commentateurs racontèrent que nous étions liés parce que l'un de mes collaborateurs à l'INA avait marié sa belle-fille avec l'un des fils Schrameck. D'autres, sournoisement, répandirent le bruit que le président du CSA était en réalité un homosexuel « dans le placard » qui était tombé sous le charme du séduisant Rastignac de l'INA. Déjà les rumeurs, déjà le soupçon d'homosexualité, déjà les inventions pernicieuses pour salir la réputation de l'un ou de l'autre.

Quand on revoit sur YouTube les images de la conférence de presse convoquée à l'occasion de ma nomination à Radio France, en février 2014, on lit dans le verbe et dans l'œil d'Olivier Schrameck qu'il est heureux d'annoncer cette nouvelle et qu'en son for intérieur, il n'est pas mécontent de son coup. Car il s'agissait bien d'un coup. Je n'étais pas le candidat attendu pour ce poste. Jeune, je l'ai dit, non énarque et de droite ! Cela faisait beaucoup pour une première nomination dans le cadre d'une loi portée, votée et défendue par le pouvoir socialiste revenu aux affaires. Mais c'était l'occasion pour le CSA d'affirmer son indépendance vis-à-vis de l'exécutif et par ricochet pour François Hollande de montrer que « lui » n'interférait pas dans le fonctionnement des médias publics. J'avais bien à l'esprit cette interprétation possible quand j'avais décidé de tenter ma chance. Et cela avait marché. Pour autant, ce succès ne faisait pas de moi un proche du pouvoir en place. Loin de là ! Pour preuve, j'avais pris l'habitude de montrer autour de moi le SMS sec et sans conviction que la ministre de la Culture Aurélie Filippetti m'avait adressé en guise de félicitations après ma désignation. Et auquel j'avais répondu avec une faute – l'écriture automatique de mon iPhone avait envoyé Aurélien au lieu d'Aurélie – qui montrait le peu d'attention que j'accordais à l'opinion de ladite ministre.

Quelques jours après, j'étais invité au dîner annuel du CRIF, le Conseil représentatif des institutions juives de France. Cet événement à forte connotation politique réunit autour des principales institutions juives tout ce que la France, et donc essentiellement Paris, compte d'élus, de représentants des médias, de capitaines d'industrie et autres hommes d'influence (et quelques femmes ayant réussi à percer le plafond de verre) pour un grand dîner que le président de la République avait choisi d'honorer de sa présence cette année-là. Je m'étais amusé à voir le bal des courtisans se presser pour présenter le futur président de Radio France au chef de l'État.

— J'ai beaucoup entendu parler de vous. Et je tiens à vous dire que je ne suis pour rien dans vos prochaines fonctions ! m'avait-il lancé dans un sourire. Ce à quoi, grisé sans doute par mon succès récent, j'avais répondu, désinvolte :

— C'est précisément parce que vous n'y êtes pour rien qu'on vous parle beaucoup de moi, monsieur le Président !

François Hollande avait ri à cette impertinence qui allait marquer le début d'une relation qui n'en serait jamais une. Rentrant tard dans la nuit, une fois les discours attendus et entendus passés, j'avais partagé avec Éric les quelques impressions que me laissait ce dîner parmi « les importants » du moment. Je venais de comprendre que je n'étais pas seulement devenu le dirigeant d'une grande entreprise publique, j'étais désormais entré de plain-pied dans le milieu politique et ses jeux de pouvoir. Non plus comme acteur de l'ombre, comme j'avais aimé l'être pendant mes années de cabinets ministériels, mais en tant que premier rôle. Avec une forme de naïveté qui avait certainement surpris Éric, habitué à conduire ministres et directeurs de cabinet depuis plus de dix ans, je lui avouai n'avoir pas mesuré cet aspect du poste quand j'avais décidé de partir à la conquête de Radio France.

Cela peut surprendre tant l'on connaît les liens puissants qui unissent les médias – et en particulier les médias publics – et le pouvoir politique en France mais je n'avais pas eu envie de diriger Radio France dans le but d'occuper le fauteuil d'un homme d'influence. Je n'ai pas ce rapport au pouvoir. J'aime l'exercer pour faire, pour transformer, pour voir l'avant et l'après d'une vision, d'une décision et d'une action. J'avais fait l'analyse qu'il y avait à faire, beaucoup à faire à Radio France. C'était ce défi qui m'avait intéressé, défi vis-à-vis de l'entreprise qui avait la réputation d'être redoutablement difficile à faire bouger, défi à moi-même qui cherchais à affirmer mon leadership après les succès rencontrés à l'INA. J'avais envie de me confronter à un chantier encore plus complexe, avec des enjeux plus forts – la place de l'information dans une société où les réseaux sociaux prenaient de plus en plus de poids –, avec des implications plus nombreuses aussi – journalistes, producteurs, artistes, élus nationaux et locaux. J'allais être servi. D'autant plus que les audiences étaient alors au plus bas, ce qui ne crée jamais un climat propice à la confiance entre parties prenantes. On l'a oublié mais au printemps 2014, France Inter avait atteint un plus bas historique à 9 % d'audience cumulée. RTL était alors à 10,7 et Europe 1 à 8,7[1]. À titre de comparaison, début 2022, moins de huit années plus tard, ces chiffres sont passés respectivement à 12,7 pour France Inter, 11 pour RTL et 4,2 pour Europe 1[2].

J'étais un auditeur assidu de France Inter depuis l'âge de mes 18 ans, quand mon camarade de Sciences Po Bordeaux, Matthieu, un Limougeaud avec qui j'ai partagé toute ma scolarité y compris notre séjour Erasmus en Grande-Bretagne, m'accompagnait chaque matin du centre de Bordeaux vers le campus de Talence où est installé l'Institut d'études politiques. La famille de Matthieu, petit-fils de concessionnaire automobile par sa mère et fils d'un père ancien professeur reconverti en entrepreneur sportif, était des « franceintériens » par atavisme. C'est avec lui que je pris l'habitude d'écouter la revue de presse de Pascale Clark à 8 h 30 dans sa Ford Fiesta blanche.

1. Médiamétrie, 126 000 Radio, avril-juin 2014.
2. Médiamétrie, EAR National, novembre-décembre 2021.

La matinale d'Inter devint mon réveille-matin à partir de ce jour.

Des années plus tard, lorsque j'étais en charge des dossiers médias au ministère de la Culture, j'avais travaillé avec les dirigeants de Radio France. Jean-Paul Cluzel, d'abord, un inspecteur des finances tendance cuir et moustache qui avait lancé le chantier de rénovation de la «Maison ronde», puis Jean-Luc Hesse, un journaliste, voix historique de France Inter tendance cow-boy et flasque de bourbon, que Nicolas Sarkozy avait nommé en 2009. Par la suite, pendant mes quatre années passées à l'INA, j'avais œuvré avec les équipes de Radio France, notamment pour renégocier la convention liant les deux entreprises pour la gestion et l'exploitation des archives radiophoniques. J'avais perçu alors combien l'entreprise était «sous-administrée», comme le disait dans un langage mi-technocratique mi-euphémique le président du CSA. Dans mon langage courant, je pensais qu'elle n'était tout simplement pas dirigée. Et je comptais bien y remédier.

Le 12 mai 2014, alors que nous roulions rive gauche, Éric prit le pont de Grenelle qui débouche sur la Maison de la radio. Je vis soudain se détacher le grand bâtiment rond, tout d'aluminium et de verre, qu'une tour striée de meurtrières dominait tel un donjon de château fort.

— C'est quand même grand, Éric.

Je pensai alors à mon grand-père, ce paysan italien arrivé dans les années 1930 dans la vallée de la

Garonne pour travailler une autre terre que celle de ses parents qui, là-bas du côté de Trévise, ne suffisait pas pour nourrir une famille trop nombreuse. J'ai toujours pensé à lui, que j'ai connu jusqu'à mes 10 ans, à chaque étape qui me voyait sortir de notre condition sociale : les portes de Sciences Po Bordeaux, mon premier CDI chez Pathé, les grilles de Bercy, l'escalier de la rue de Valois, mon nom dans le compte rendu du Conseil des ministres qui me propulsait à la direction de l'INA. J'étais fier pour lui.

L'arrivée dans la «Maison monde» s'était faite dans une atmosphère empreinte de curiosité bienveillante et de méfiance soupçonneuse. Après tout, ce «jeune homme» de 37 ans avait, selon les articles qui venaient de m'être consacrés, plutôt réussi son passage à l'INA (même si, j'en avais conscience, les regards des observateurs du milieu ne s'intéressaient guère à cette institution hybride, à la fois centre de formation, établissement d'enseignement supérieur et lieu de conservation des archives de la radio et de la télé publiques). L'INA, «ça ne compte pas», comme on me le fit remarquer dans l'univers codifié des médias, car l'institut justement n'en est pas un.

Les grandes lignes de mon programme pour Radio France étaient connues et j'avais été élu pour l'appliquer. Il fallait redonner à chaque station son identité, sa couleur d'antenne, sa complémentarité avec les autres – sinon pourquoi disposer de sept chaînes et de plus de deux-mille-six-cents fréquences de diffusion? – et mettre le cap sur le numérique pour (re)conquérir un large public. Cela passait notamment par les web radios, les podcasts et la multiplication des émissions sur les réseaux sociaux et les plateformes grâce à la vidéo. La tâche n'était pas si évidente et le travail de conviction restait à faire si j'en jugeais les affiches qui avaient été collées devant les portes de certaines régies – « Ici, on fait de la radio » – et les sacs poubelles noirs qu'on avait disposés par-dessus les caméras qui équipaient de nombreux studios.

Je passai mes deux premières journées à Radio France à aller de bureau en bureau saluer les différents corps de métiers et autant de bastions syndicaux prêts à défendre leurs acquis et leurs intérêts. Je découvris qu'il y avait un service de serrurerie important alors que les bureaux tout juste rénovés s'ouvraient avec des badges magnétiques, que l'entreprise disposait d'un maçon « maison » alors que le chantier à plus de 500 millions d'euros faisait travailler les plus grands groupes de BTP d'Île-de-France, que les menuisiers internes pouvaient fabriquer des meubles sur mesure, que l'atelier de ferronnerie faisait des merveilles au fer à souder. J'en prenais plein les yeux mais je restais sans voix. Je trouvais émouvant ce voyage dans le temps, comme un retour à l'âge d'or des studios des Buttes-Chaumont, qui semblait perdurer au 116, avenue du Président-Kennedy. L'entreprise de transformation qui m'attendait s'annonçait immense.

Un grand pot que j'avais voulu simple et convivial avait réuni quelque deux mille collaborateurs à l'issue de ces deux journées d'intégration. Bien que légèrement intimidé, je me sentais à l'aise dans cette atmosphère de rentrée des classes. Un événement vint me distraire et me flatter un peu aussi, avouons-le. Après cet apéro géant, je reçus sur mon compte WhatsApp le message d'un numéro inconnu qui me proposait de faire plus ample connaissance.

« Ça attaque fort, dites donc, chez Radio France ! » avais-je répondu à ce jeune collaborateur qui me faisait des avances que je ne pouvais que repousser. Nous n'étions qu'au deuxième jour de mon mandat et je prenais possession de ce bureau rond qui allait devenir, bien malgré moi, le symbole malheureux d'une présidence contrariée.

Premiers nuages

Pour son anniversaire, en mars 2015, j'avais décidé d'emmener Antoine sur les terres – ou plutôt le sable – de mon enfance. Nous ne nous connaissions que depuis deux mois mais on n'a pas 20 ans tous les jours : le lieu de cette célébration devait être spectaculaire et festif à la fois. Arrivé à Bordeaux où il faisait ses études, j'avais loué une voiture à l'aéroport de Mérignac et nous avions filé sur l'autoroute, direction plein ouest. La destination laissait peu de place à la surprise. Quand nous prîmes l'embranchement non pas vers Bayonne et l'Espagne mais à droite, vers le bassin d'Arcachon, Antoine devina vite quel pouvait être notre point de chute pour le week-end : *La C(o)rniche.*

Cet ancien hôtel des années 1930, de style basco-landais, avait été relancé cinq ans plus tôt par la famille du bâtisseur du Pyla-sur-Mer, Louis Gaume. Sous le coup de crayon du *designer* star Philippe Starck, le modeste trois étoiles était devenu un boutique-hôtel à la mode avec vue imprenable sur le bassin, le banc d'Arguin et la dune du Pilat. Il était avant l'heure le plus instagrammable des établissements de la côte atlantique. Bois clair aux murs, parquet blanc laqué au sol, des miroirs, des livres en hauteur et une signature olfactive qui sied à tous les lieux où il faut être et être vu. Les *people* fréquentaient déjà l'endroit, comme nous en fîmes le constat au moment de poser nos bagages à la réception. Une célèbre humoriste de petite taille perchée sur des stilettos à semelles rouges, parlant avec autorité au personnel comme à son compagnon, avec les saillies du personnage de « la connasse » qui l'avait rendue populaire, quittait la place. Elle ne croisa pas notre regard, ni celui des autres clients d'ailleurs, avant de déguerpir bruyamment au son vrombissant de sa Porsche rutilante.

J'avais réservé une « cabane », une suite construite sur le sable, surplombant l'hôtel historique. L'espace d'un seul tenant ouvrait sur une large loggia dominant la mer, au loin. La réputation de lieu de rencontre pour couples illégitimes ou échangistes prenait tout son sens au fur et à mesure que nous pénétrions dans la chambre et que se révélaient ses nombreux miroirs disposés de part et d'autre et au-dessus du lit. L'imposant double transatlantique qui envahissait la terrasse, dissimulée des autres logements par des canisses enveloppantes, nous fit sourire d'un même élan plein de sous-entendus.

J'avais quitté Paris préoccupé par le plan de restructuration que j'allais devoir mettre en œuvre à

Radio France quelques mois plus tard, la situation financière de la société se détériorant plus rapidement que l'État et moi-même ne l'avions anticipé. Depuis ma désignation un an plus tôt par le CSA, mes rapports s'étaient ostensiblement refroidis avec les ministres de la Culture socialistes, moi l'ancien «protégé» de Frédéric Mitterrand, moi le jeune dirigeant de l'Institut national de l'audiovisuel nommé par le président de la République honni par la gauche, Nicolas Sarkozy. Mais les résultats d'audience des nouvelles grilles de programmes mises en place en septembre 2014 avaient produit leurs premiers effets. La relance de France Inter par Laurence Bloch, l'ex-numéro deux que j'avais promue directrice à 60 ans passés, était déjà à l'œuvre. Le rajeunissement des grandes voix de la radio et la féminisation des antennes semblaient trouver un écho auprès des auditeurs qui retrouvaient le chemin des ondes publiques. J'étais assez fier d'avoir remplacé des figures parmi celles réputées intouchables. Laurence avait mon soutien et Frédéric Schlesinger, à mes côtés pour piloter l'ensemble des antennes, ne craignait pas de prendre des décisions qu'on nous prédisait impopulaires. D'ailleurs elles ne déclenchèrent pas les broncas que seuls les concernés et leurs affidés nous annonçaient.

Les producteurs de plus de 70 ans (ils n'étaient pas si peu nombreux) s'étaient vus invités à prendre une retraite jusque-là différée. L'arrivée du jeune PDG avait marqué les esprits. La presse s'en était fait le relais et j'avais assumé crânement de renvoyer des totems septuagénaires à de nouvelles activités. Je ne savais pas encore que leur mise à la retraite épargnerait à certains l'opprobre public quand sortiraient quelques années plus tard, dans le sillage de #MeToo, quelques vieilles affaires jusqu'alors tues, voire cachées, de harcèlement et de violences sexuelles à Radio France. Mais j'y reviendrai.

C'est d'ailleurs au cours de l'émission de télévision *Le Petit Journal* de Yann Barthès où j'avais assumé vouloir « faire de la place aux jeunes » qu'Antoine avait découvert mon existence. Mais si lui avait été intrigué et déjà un peu charmé, il était clair que je ne m'étais pas fait que des amis, surtout à gauche, à cette occasion. *That's life*.

Pourtant, ni mon entourage ni ma famille ne me portaient à devenir « un mec de droite ». Au contraire. Mes grands-parents des deux côtés votaient à gauche, mon grand-père maternel avait pleuré le 10 mai 1981 – de joie, il va sans dire – et ma mère est restée aujourd'hui encore « mitterrandolâtre ». Mon père est de cette gauche « radicale-cassoulet » modérée, propre à notre Sud-Ouest natal. Pour ma part, arrivé à Paris, j'avais fréquenté la section socialiste du IIe arrondissement qui se trouvait à l'angle de ma rue, dans le quartier Montorgueil. J'avais voté, et j'étais le seul dans mon cercle d'amis, pour Lionel Jospin le 21 avril 2002, les autres s'étant dispersés du côté de Christiane Taubira, Noël Mamère voire Olivier Besancenot. Mais je ne m'étais jamais engagé, d'une part parce que l'esprit militant m'est étranger, et d'autre part parce que j'avais vite fait le constat que je ne pouvais pas me reconnaître dans la sociologie du parti socialiste. Dans la petite section PS de la rue Montorgueil, il n'y avait que des profs, des employés des services publics et des associatifs. Pour moi qui étais jeune cadre chez Canal+ à l'époque, personne parmi «les camarades» ne comprenait, n'avait l'expérience d'une entreprise.

Je n'avais jamais été chiraquien non plus. L'ex-bulldozer de la droite sentait trop le politicien à l'ancienne, qui était passé du «parti de l'étranger» à «la fracture sociale» au cours d'une longue carrière, et dont l'honnêteté mise au service de ses ambitions m'était antipathique. J'étais plus inspiré par son mentor, Georges Pompidou, bien que mon admiration pour celui-ci soit venue tardivement, la trentaine passée. Finalement, le second tour de 2002 mis à part, j'avais voté pour la première fois à droite en 2007, séduit par l'énergie sarkozienne à défaut d'approuver le style *show off* de l'homme public.

Sans connaître ce passé qui était le mien et ce milieu familial engagé, le nouveau pouvoir élu avec François Hollande en mai 2012 voyait avant tout en moi un jeune loup ayant servi sous le quinquennat Sarkozy. Sans être un adversaire, je n'étais pas des leurs. Je découvris combien la gauche savait être sectaire et clanique. Le fait de ne pas appartenir à leur camp allait marquer durablement mes relations avec les représentants de l'État, jusqu'au plus haut niveau.

Le climat social de Radio France se tendait depuis que le budget avait été voté avec un mois de retard sur le calendrier habituel, et ce d'autant plus qu'il s'inscrivait en déficit de 20 millions d'euros, le plus important de l'histoire de l'entreprise. Depuis l'été 2014, j'avais dû me résoudre à faire accepter par l'État un plan de redressement des comptes qui imposait des choix douloureux. L'arrivée rue de Valois d'une nouvelle ministre, Fleur Pellerin, moins dogmatique que sa prédécesseure et connaissant les impératifs du management d'une entreprise, m'avait laissé croire que le plan stratégique sur lequel mon équipe travaillait serait avalisé et défendu par l'actionnaire. Je dois reconnaître que Fleur Pellerin, que je connaissais depuis la campagne de 2012 (elle était en charge des sujets numériques pour le candidat socialiste), et qui m'avait reçu dès ses premières semaines dans le bureau de Malraux, manifesta un soutien actif au plan que je lui proposais.

La situation financière ne me laissait d'ailleurs guère de choix. Après avoir envisagé de fusionner France Musique et FIP, de rationaliser le plan de fréquences des stations historiques – France Inter, France Culture et France Musique disposent de plus de cinq cents fréquences chacune –, j'avais préféré concentrer les efforts de l'entreprise sur le périmètre des orchestres et du chœur de Radio France. Pourquoi deux orchestres à la radio ? Telle était la question que les politiques (et certains journalistes) posaient comme une antienne à chaque nouveau dirigeant de la « Maison ronde ». C'était le fruit de l'histoire (il y avait quatre orchestres au moment où l'ORTF fut dissous en 1974) que les rapports périodiques de la Cour des comptes dénonçaient sans effet sur un dossier réputé explosif. D'ailleurs, je m'étais bien gardé de me prononcer pour la fusion des orchestres lorsque j'avais présenté mon projet au CSA six mois plus tôt. Je souhaitais réaffirmer l'identité singulière de chaque orchestre et leur complémentarité pour justifier cette double existence, sans m'engager plus loin. La situation que j'avais découverte en arrivant en mai 2014 m'avait placé devant une impasse budgétaire qui obligeait à proposer une solution radicale. Je pensais l'avoir trouvée : en faisant financer l'Orchestre national de France par la Caisse des dépôts et consignations (CDC), l'organisme public propriétaire de la salle de spectacle dans laquelle il se produisait, le théâtre des Champs-Élysées. Radio France est le deuxième actionnaire de la société d'exploitation du théâtre, derrière la CDC. Cette solution avait l'avantage de préserver les cent vingt postes de musiciens qui sortaient alors du périmètre de Radio France. Un plan de départs à la retraite non remplacés dans les autres métiers de la radio permettrait de faire revenir les comptes de l'entreprise dans le vert sous deux ans. J'avais pris mon bâton de pèlerin, si j'ose dire, pour convaincre les divers cabinets ministériels de la pertinence de ce plan. J'en avais même convaincu le secrétaire général de l'Élysée, Jean-Pierre Jouyet, qui m'avait encouragé, comme à son habitude, avec force démonstrations tactiles.

Dernière étape de cette tournée, Matignon, où j'avais rencontré Manuel Valls en janvier 2015. Le Premier ministre s'était montré favorable à la stratégie que je venais lui présenter. Sa conseillère Régine Hatchondo avait bien préparé le terrain. Elle resterait une alliée fidèle tout au long de la crise qui suivrait. Manuel Valls avait fait preuve de cordialité et d'ouverture d'esprit à mon égard depuis mon arrivée à Radio France. Il avait tenu à marquer de sa présence l'inauguration de l'auditorium de Radio France le 14 novembre 2014 et avait conquis mes parents à l'entracte en vantant les mérites précoces de leur fils. En conclusion de notre entretien, il m'avait demandé :

— Que pourrais-je faire pour vous ?

— Me soutenir quand ça va tanguer, monsieur le Premier ministre, parce que ça tanguera, lui avais-je répondu ce jour-là.

La présentation du plan stratégique tardait à venir. En février, j'avais enfin pu revoir la ministre de la Culture après que son cabinet avait bloqué notre entretien pendant plus de deux mois. Elle était épuisée par la période terrible dans laquelle nous vivions tous depuis le 7 janvier 2015. La série d'attentats qui avait visé en particulier la liberté de la presse à travers le massacre des journalistes de *Charlie Hebdo* avait conduit à renforcer la protection des médias et de leurs auteurs les plus exposés. Fleur Pellerin avait fait le job, comme on dit, auprès du directeur général de la Caisse des dépôts pour défendre mon projet de transfert de l'Orchestre national de France au théâtre des Champs-Élysées. Mais elle manquait de poids politique pour que l'Élysée nous appuie, elle et moi. En outre, venant de Matignon, les soutiens de janvier avaient perdu de leur vigueur en février. En clair, l'on me demandait à présent de revoir ma copie concernant les orchestres. J'appris plus tard qu'informés du projet, certains musiciens des orchestres avaient relayé leur opposition résolue auprès de l'épouse du Premier ministre, la violoniste Anne Gravoin, elle-même liée par son histoire personnelle aux orchestres de Radio France. L'ouvrage était à remettre sur le métier, tant l'externalisation des musiciens d'un des deux orchestres représentait un élément central du plan de retour à l'équilibre financier. Je devais dès lors envisager des mesures plus radicales sur le périmètre des radios.

Début mars 2015, les élus syndicaux commençaient à se mobiliser pour obtenir des réponses de ma part sur la question qui inquiétait toute l'entreprise : comment allais-je résorber le déficit de 20 millions d'euros qui avait été annoncé au conseil d'administration de janvier ? Faute de réponse, parce que Matignon m'avait demandé de laisser passer les élections départementales à la fin du mois avant d'informer les représentants du personnel, un préavis de grève tomba quelques heures avant que je ne rejoigne Antoine pour son week-end d'anniversaire.

Ce n'était pas la première grève que j'allais devoir affronter. J'en avais déjà connu une à l'INA en 2012 quand j'avais changé la convention collective pour un accord d'entreprise réputé moins protecteur. Mais l'INA, c'est à Bry-sur-Marne, dans le lointain Val-de-Marne, loin des regards politiques et médiatiques. Quand des documentalistes se mettent en grève, qui s'en rend compte? Alors qu'à Radio France, quand l'antenne de France Inter diffuse sa *playlist* musicale à 7 heures du matin, il y a plus de six millions de paires d'oreilles pour comprendre que la «Maison ronde» gronde. La grève qui commençait allait surprendre tout le monde, moi le premier. Et ses accompagnements me faire comprendre violemment que j'occupais bien un poste politique. L'un des plus exposés qui soient.

Le bureau

À la veille de ce week-end au Pyla, le préavis de grève déposé pour la semaine suivante n'avait pu être levé. Les positions étaient quasi inconciliables entre la direction et les syndicats, qui avaient déposé autant de motifs de débrayage que j'avais lancé de chantiers de réforme. Le mardi, alors que la grève devait débuter le jeudi, Monique Denoix, la directrice de la communication qui m'avait suivi depuis l'INA, me prévint qu'elle avait été appelée par un journaliste du *Canard enchaîné*. Celui-ci avait auparavant joint par téléphone la directrice générale déléguée, Catherine Sueur.

— Il appelait pour la grève de jeudi ? demandai-je à l'une et à l'autre.

— Non, il voulait des informations sur les travaux de réhabilitation.

Étranges appels. Je m'attendais bien à ce qu'un mauvais coup sortît dans le fameux journal satirique, mais je ne savais pas encore que c'étaient là autant de signes annonciateurs d'un papier perfide prêt à être envoyé aux rotatives. Vers 17 h 30, le suspense se dissipa et une accroche en une, suivie d'un article d'une demi-page en page 3, racontait par le menu, avec reproduction d'un tableau Excel, le coût de restauration du bureau dans lequel j'étais installé depuis dix mois : 100 000 euros. Le montant avait la force des chiffres ronds, de ceux qui marquent les esprits car on peut les ramener aux choses de la vie courante : combien d'automobiles, combien d'appareils numériques et ménagers, combien de séjours de vacances peut-on s'offrir avec 100 000 euros ?

Le moment était parfaitement choisi pour tenter d'affaiblir un dirigeant dont le projet d'entreprise promettait de secouer les habitudes, de toucher à des bastions syndicaux et de préparer la nécessaire réforme des outils de production traditionnels au profit du numérique. Je devais composer avec un budget en réduction par rapport aux engagement pluriannuels de l'État mais je comptais bien faire de cette contrainte une opportunité pour transformer profondément Radio France. Les syndicats l'avaient parfaitement compris et certains n'hésitèrent donc pas à créer l'affaire du bureau de toutes pièces comme d'autres élus du personnel m'en feront l'aveu longtemps après la tempête qui venait de se lever.

Le chantier de rénovation de Radio France avait débuté au milieu des années 2000, après une injonction de la préfecture de Police de mettre aux normes ce bâtiment iconique inauguré par le général de Gaulle en 1963 et marqué depuis lors par le poids des années et le manque d'entretien. Je connaissais le dossier depuis mon passage rue de Valois, quand l'État avait envisagé de faire construire une nouvelle maison pour la radio face au montant de plus en plus élevé d'une rénovation en site occupé. J'étais à l'époque favorable à une vente du bâtiment d'Henry Bernard (« On en fera un sublime hôtel *sixties* et une thalasso avec accès direct à la Seine ! » avais-je proposé par provocation en réunion interministérielle), mais Matignon avait préféré poursuivre le chantier déjà entamé. Une fois arrivé au 116, avenue du Président-Kennedy, j'avais donc eu à gérer ces travaux sur 100 000 m^2 dans lesquels devaient cohabiter plus de deux mille collaborateurs de la radio. Le chantier était programmé par phases, et le hasard avait voulu que la tranche achevée quelques mois avant mon arrivée concerne la façade côté Seine où se situe l'étage de la direction. Le parachèvement (en d'autres termes, les finitions) devait se dérouler l'année suivante et toucherait notamment les décors en palissandre du bureau du PDG. Une pièce ni vaste ni modeste dont les murs intérieurs étaient couverts de ce bois rare formant un demi-cercle pour rappeler la forme de la « Maison ronde ».

En 2014, pendant les deux mois qui séparaient ma nomination de ma prise de mandat effective, j'étais allé rencontrer mon prédécesseur dans ledit bureau. J'en étais revenu avec l'idée de ne pas occuper ce symbole du dirigeant du temps de l'ORTF, pour m'installer tout à côté dans un espace plus fonctionnel, plus ordinaire aussi. Frédéric Schlesinger, lui-même un ancien de France Inter, m'avait déconseillé cet abandon : « C'est le lieu du pouvoir à Radio France. Si tu ne l'occupes pas, ils l'interprèteront comme une vacance du pouvoir. »

À la lecture du *Canard*, j'avais vite compris que l'attaque venait de l'intérieur. J'avais passé une tête dans le bureau attenant au mien pour lancer à ma directrice générale déléguée :

— Dis donc, ils aiment balancer dans tes équipes… Je découvre dans le *Canard* une copie d'écran d'un tableau Excel. Tu savais que la restauration du bureau coûtait ce prix-là ?

Catherine avait bredouillé quelques phrases attendues, expliquant que cette dépense figurait dans une enveloppe globale de parachèvement de près de 3 millions d'euros. Ramenée aux quelque 500 millions d'euros du chantier, la rénovation du palissandre était une goutte d'eau, mais pour le grand public, c'était énorme. Et surtout, l'information sortait au moment où un plan d'économies de 20 millions d'euros sur trois ans allait être présenté aux syndicats. C'était d'ailleurs l'effet recherché par les initiateurs de cette « fuite » : opposer les goûts de luxe dont on suspectait le jeune président aux efforts d'économies demandés au personnel.

Le lendemain matin, un premier échange téléphonique avait eu lieu avec Fleur Pellerin, ouvrant une période d'hostilité franche entre elle et moi.

— Mais c'est quoi ce délire de bureau à 100 000 euros ? me lança-t-elle. Tu ne peux pas me dire que tu n'étais pas au courant.

— Parce que tu sais, toi, combien coûte la rénovation de chaque pièce au sein du cabinet, rue de Valois ? Si tu le sais, dis-le moi, car en trois ans là-bas, j'ai vu des travaux se dérouler chaque année, sans que tes prédécesseurs en aient connu le prix.

Elle ne me répondit pas. Je compris dès lors que je n'allais plus pouvoir compter la ministre parmi mes appuis, mais qu'elle serait au contraire au premier rang de mes adversaires. Un communiqué de presse que je rendis public à la mi-journée donnait tous les détails des frais engagés dans le cadre de l'énorme chantier de rénovation. Mais en pareille circonstance, les faits sont plus faibles que les symboles. J'étais en train de devenir « le mec au bureau à 100 000 balles ». Les syndicats ne s'étaient pas fait attendre pour exiger des précisions sur les dépenses consenties, et surtout que leur soit présenté le plan de réduction des coûts alors en préparation. Le lendemain, la menace de grève était mise à exécution.

Avec mon entourage proche, nous avions bien conscience d'entrer dans une zone de turbulences et que nous étions en position de faiblesse. Mon équipe était d'ailleurs partagée sur l'opportunité que je m'adresse à l'ensemble des collaborateurs réunis en assemblée générale le vendredi. J'étais convaincu que je devais le faire, n'ayant rien à cacher, ni des difficultés financières qui menaçaient l'entreprise, ni de ma bonne foi dans la réalisation de travaux décidés avant ma nomination.

Arrivé entouré du comité exécutif au grand complet dans un Studio 104 chauffé à blanc, je montai seul sur la scène face à une foule débordant largement les huit cents places de ce studio mythique de la Maison de la radio. La semaine suivante, *Libération* publia une double-page consacrée à la crise à Radio France, avec en illustration cette photo prise de profil où, tiré à quatre épingles dans un costume ajusté, je paraissais tomber sur les rangs fournis d'un public qui m'était tout sauf acquis. Les curieux occupaient ceux de côté et les marches de tous les escaliers. Les plus hostiles s'étaient installés pour ainsi dire aux premières loges, de face, prêts à occuper tout l'espace sonore d'une salle qui avait connu bien des montées de décibels, rarement des poussées de fièvre sociale. Assises au premier rang, les femmes de ménage dont certaines portaient des tenues africaines traditionnelles. Faisant partie des personnels dont les tâches allaient être confiées à des prestataires extérieurs, ces femmes devaient porter la parole des sacrifiés de la politique d'austérité du nouveau dirigeant.

Devant cette salle hostile, je m'avançai seul sous les projecteurs blancs. J'eus soudain le réflexe, après mes premiers mots et alors que des interpellations fusaient déjà des rangs syndicaux, de venir m'asseoir au bord du *proscenium*, pour me mettre au niveau des premiers « spectateurs ». Un « Oh ! » parcourut l'assistance qui ne s'attendait pas à ce que j'adopte cette position. Il y eut quelques sifflets puis l'échange reprit. Assis juste derrière, les responsables syndicaux s'étaient entendus pour prendre la parole à tour de rôle et éreinter les décisions actuelles ou futures de leur PDG. Le leader de SUD, un musicien d'orchestre, crinière sel et or, le verbe haut et la voix tranchante, s'était levé pour venir me défier dans un *mano a mano* immortalisé par les photographes de presse accourus en nombre. Un peu plus d'une heure plus tard, je quittai l'assemblée sous les huées, mais avec le sentiment du devoir accompli. Je leur avais montré que je n'avais pas peur de m'expliquer, encore moins de justifier mes choix. Je savais que je ne les avais pas convaincus, mais je ne m'étais pas dérobé. Ils apprenaient à me connaître, et réciproquement, et je voulais que chacun sache que je tiendrais la barre, même par gros temps.

J'étais pourtant affecté par la violence de la situation. À l'heure du déjeuner, alors que nous mangions avec Maïa Wirgin, ma directrice de cabinet, dans une pizzeria voisine de Radio France, Christine Albanel me téléphona. L'ancienne ministre de la Culture dont j'avais été le conseiller pour les médias m'appelait pour m'apporter son soutien, dans un style bien à elle.

— Non mais quand même, Mathieu, on vous tombe dessus pour une histoire de bureau qui a 50 ans d'âge et pour un vieux clou qui a 200 000 kilomètres. Il faut attendre de tomber en panne sur le périph' pour justifier de la changer, alors ?

Christine faisait référence à un nouvel article de *Libération* paru le matin même qui révélait que j'avais aussi changé la Citroën C6 présidentielle de mon prédécesseur pour une Peugeot 508 hybride break. Son appel, à la fois drôle et affectueux, m'avait touché au point de revenir à table les yeux rougis.

Les fronts allaient se multiplier dans les jours qui suivirent. Le directeur de cabinet de la ministre de la Culture m'annonça une semaine plus tard qu'à la demande du président de la République, une enquête de l'Inspection générale des finances allait être engagée concernant les dépenses des dirigeants de Radio France. Derrière cette attribution large, je savais bien que c'était mon train de vie qui était visé. *Le Canard enchaîné* avait d'ailleurs poursuivi son feuilleton en révélant que j'avais eu recours pendant mon mandat à l'INA à des consultants privés pour accompagner la direction dans la mise en œuvre de sa stratégie et assurer la communication de l'établissement hors appel d'offres public. Il y en avait même pour plus de un million d'euros cette fois-ci (toujours la force des chiffres ronds) selon les révélations de l'hebdomadaire. Encouragé à ne plus laisser passer de tels mensonges, j'étais allé dénoncer une cabale sur le plateau de Laurence Ferrari, sur iTélé, la chaîne d'information en continu de Canal+.

Mes parents m'avaient regardé, le visage creusé, l'œil sombre, le cheveu négligemment long, mais combatif et déterminé à défendre mon honneur face aux allégations dont j'étais l'objet.

Entre-temps, la ministre de la Culture multipliait les prises de parole dans les médias pour faire monter la pression et, à l'évidence, me pousser à la démission. Nous rendions coup pour coup, communiqué de presse contre communiqué de presse. Antoine m'appelait chaque soir pour que je partage avec lui mes réflexions, mes coups de blues, ma lassitude, mon envie de « tous les éclater », selon les soirs. Mes rapports s'envenimaient alors un peu plus chaque jour avec Fleur Pellerin. Convoqué au petit matin dans son bureau, rue de Valois, l'orage éclata dès les premières minutes.

— Ce n'est pas parce que ta conseillère et ma directrice générale complotent dans notre dos et te font prendre de mauvaises décisions qu'il faut te laisser berner par la réalité de la situation ! lui lançai-je avec véhémence.

Nous étions quatre autour de la table, dont la conseillère que je mettais directement et frontalement en cause dans la crise qui venait de se déclencher après plusieurs mois d'atermoiements délétères. Car c'était bien la décision de l'État – la baisse de 20 millions d'euros du budget par rapport à la trajectoire financière promise à Radio France – qui était à l'origine du conflit social qui débutait. Mon style de management vertical et froid n'avait pas joué en ma faveur pour faire passer les messages de nécessaire transformation pour l'entreprise. Et le coût de rénovation du bureau était monté en épingle pour mieux m'empêcher de défendre les économies auxquelles j'étais contraint. Je faillis craquer après qu'une nouvelle injonction de la ministre m'avait été adressée un vendredi soir, à la veille du week-end de Pâques. Je ne suis pas très « famille », je vis seul depuis que j'ai 18 ans et j'apprécie cette solitude. Mais j'ai besoin de retrouver, par tradition, mes parents et ma sœur pour les fêtes de Noël, de Pâques et de la Toussaint. Me priver de cette parenthèse familiale était une vexation de trop, de celles qui blessent gratuitement. Finalement, après un samedi entier passé à retravailler mon dossier (le plan de réduction des coûts) avec Maïa, j'étais parvenu à m'échapper le dimanche matin, juste à temps pour rejoindre ma famille réunie autour de l'agneau pascal. Les retrouvailles avaient été salutaires, autant pour moi, épuisé par des semaines de conflits, que pour mes parents inquiets de n'avoir de mes nouvelles que par médias interposés.

Ce même dimanche soir, je rejoins Antoine à Bordeaux. Nous nous retrouvons avec les effusions d'un couple d'amants trop longtemps séparés. Nous nous endormons serrés l'un contre l'autre. Une nuit réparatrice peut commencer.

Le temps des tempêtes

Nous passons le lundi de Pâques dans le studio d'Antoine, à quelques dizaines de mètres du palais de justice de Bordeaux. J'aimais me retrouver dans cet appartement d'étudiant, anonyme, loin de la foule parisienne qui me reconnaissait dans la rue ou dans les commerces, m'interpellait ou relatait ma présence dans un lieu sur les réseaux sociaux :

« Vu Mathieu Gallet au rayon sous-vêtements du Printemps ».

« Le mec au bureau à 100 000 euros en train de visiter un musée ».

J'avais été choqué, quelques semaines plus tôt, en voyant débouler dans un café en bas de chez moi une jeune femme brune qui m'avait reconnu à travers les baies vitrées de ce bistrot de quartier. « Vous devriez avoir honte de vouloir casser Radio France avec votre politique ultralibérale », m'avait-elle lancé tout à trac. J'en étais resté bouche bée. Celle-ci avait ensuite raconté avoir assisté à l'assemblée générale du Studio 104 par solidarité avec ses amis qui travaillaient à Radio France, elle-même étant étrangère aux effectifs de l'entreprise. Je n'avais rien eu de très pertinent à lui répondre et je m'étais contenté de lui lancer dans un sourire : « Vous êtes trop jeune et trop jolie pour vous mettre dans un tel état alors que le sujet ne vous concerne pas. »

Cette remarque, qu'elle avait certainement trouvée machiste, avait mis la jeune femme brune dans une telle colère que j'avais bien cru qu'elle allait me gifler. Mais elle finit par tourner les talons pour reprendre d'un pas décidé son chemin sur les quais de Seine.

J'étais resté marqué par cet épisode que j'avais trouvé incroyablement violent.

J'appréciai d'autant plus mon bref séjour bordelais qu'il me permettait d'aller chercher des chocolatines, comme on dit ici, et du pain frais chez le boulanger sans risquer d'entendre des clients me parler de « la crise à Radio France ». En parcourant le centre historique aux belles façades XVIIIe, je ressentais l'attachement que je conservais pour la ville de mes études, celle de mes amitiés les plus anciennes, de mes premiers émois aussi. Telle rue, tel immeuble, telle cour intérieure me rappelaient un souvenir : ici l'un de mes studios, au temps de Sciences Po, rue Voltaire, là un café, *La Comtesse*, où j'avais passé des soirées à refaire le monde avec mes camarades, ici encore la façade d'un ancien club, *La Factory*, devenu depuis une agence de voyages haut de gamme, où j'avais fait mon éducation sentimentale dans une ville où il fait bon vivre quand on a 20 ans.

« La politique est devenue un jeu médiocre, disais-je souvent à Antoine quand il m'interrogeait sur mes envies d'engagement. Mais, tu vois, s'il ne reste qu'un seul mandat intéressant pour faire des choses, ce serait d'être maire de Bordeaux ! »

Malgré le jour férié synonyme de grasse matinée, nous avions mis le réveil sur 8 h 20 pour écouter l'interview de la ministre de la Culture, invitée de France Inter. Questionnée par Patrick Cohen, le matinalier de l'époque, Fleur Pellerin avait eu du mal à cacher son animosité envers le dirigeant de la radio publique. Consciente qu'à l'issue de la crise quelqu'un devrait bien en porter le chapeau, elle avait décidé de faire de moi l'unique responsable. Le manque d'anticipation, l'absence de dialogue social, le défaut de réponses crédibles à l'impasse financière, tout était de ma faute. Elle était interrogée sur les nombreuses fuites dans la presse qui rythmaient chaque semaine la vie de l'entreprise (et me donnaient des aigreurs d'estomac chaque mardi soir dans l'attente de la publication du *Canard enchaîné*), et Patrick Cohen s'étonnait que celles-ci fussent quasi exclusivement en provenance de l'INA que j'avais dirigé auparavant. L'entreprise de déstabilisation que je subissais depuis plusieurs semaines mettait en lumière de façon de plus en plus manifeste les liens entre la ministre de tutelle, la nouvelle présidence de l'INA et une partie de Radio France (au sein de ma propre direction, parmi les producteurs déjà évincés ou se sentant menacés et bien sûr chez les syndicats les plus conservateurs). L'intervieweur avait visé juste car la ministre avait paru bien en peine de répondre à ses questions incisives. Fleur Pellerin s'en était sortie laborieusement en s'en remettant aux conclusions de l'enquête de l'Inspection des finances, attendues dans les prochaines semaines.

J'avais bien compris que les malveillances parues dans la presse étaient fournies d'un côté par les syndicats de la radio publique et de l'autre par l'équipe qui m'avait succédé à Bry-sur-Marne, avec la bénédiction du ministère de la Culture où l'on n'avait toujours pas digéré ma nomination à Radio France un an plus tôt. Mais je n'en avais pas encore les preuves, qui ne tardèrent cependant pas à me parvenir.

La semaine suivante, j'avais été contraint de quitter mon bureau, exfiltré par les coulisses, selon un système mis au point par les services de sécurité au début de la crise. Une grosse centaine de salariés emmenés par les syndicats avaient gagné l'étage de la direction et manifestaient bruyamment leur mécontentement de l'autre côté du fameux décor en palissandre. Le dialogue était rompu et je savais que je n'étais pas en mesure de le rétablir. Pour sortir de l'impasse dans laquelle nous nous trouvions, j'avais suggéré à l'État de nommer un médiateur, conscient du mal que j'aurais à retisser les liens avec des salariés inquiets et en colère. J'avais pris les devants en passant toute une soirée au téléphone avec l'ancien président de la RATP et de la Poste, Jean-Paul Bailly qui m'avait prodigué ses conseils avisés et se tenait prêt à m'accompagner dans cette tâche. Le gouvernement hésitait, et finalement c'est le président de la République qui, quelques semaines plus tard, choisit lui-même Dominique-Jean Chertier, un ancien DRH, ancien conseiller social de Jean-Pierre Raffarin à Matignon, ancien président de Pôle Emploi, pour jouer ce rôle.

Entre-temps, pendant près d'une semaine, je m'étais installé dans un café du quartier de l'École Militaire pour donner mes rendez-vous. L'enquête de l'IGF se déroulait dans un climat de relative confiance, même si je me méfiais de la proximité statutaire des inspecteurs avec ma directrice générale déléguée, elle-même issue de ce grand corps bien connu pour sa solidarité à l'égard de ses membres.

Je reçus un jour la visite, dans ce café du VIIe arrondissement, d'un ancien collaborateur de l'INA qui avait demandé à me rencontrer, car il avait des révélations à me faire. Quand je le vis arriver en haut des marches, au premier étage de cette grande brasserie aux fauteuils de velours rouge et aux larges abat-jour plissés qui signent un décor typique des années 2000 (celui de Jacques Garcia que je ne connaissais pas encore), cet ancien cadre qui avait quitté l'institut quelques mois auparavant, me confia une grande enveloppe en papier kraft. Je l'ouvris, intrigué par cet épais dossier. Figurait à l'intérieur une note de service, très détaillée, avec l'analyse méthodique des courses de taxi de ma successeure à l'INA. Les photocopies des relevés de compte y avaient été ajoutées, le tout enregistré sur une clé USB pour que je puisse en garder une copie numérique. J'avais déjà entendu parler par des cadres de mon ancienne équipe restés en poste des notes de taxi particulièrement salées d'Agnès Saal. Je savais qu'elle avait exigé dès son arrivée de résilier le contrat avec l'artisan local, les taxis Riton, pour reprendre son abonnement Club Affaires G7 du Centre Pompidou. Mais j'avais mis ces dépenses sur le compte de l'acharnement qu'elle mettait à sa tâche de dirigeante, n'hésitant pas à revenir à Bry-sur-Marne, à quelque 15 kilomètres du centre de Paris, un vendredi soir pour « signer des parapheurs », comme elle me l'avait raconté. L'analyse qui m'était présentée mettait cependant en évidence que plusieurs personnes utilisaient le compte, car des départs simultanés étaient répertoriés en divers endroits de la capitale, parfois même la nuit.

L'affaire était connue de tout le milieu culturel qui avait travaillé avec Agnès Saal, du Centre national de la cinématographie (CNC) au Centre Pompidou en passant par la Bibliothèque nationale de France (BNF). Mais je découvrais que les montants en jeu dépassaient la simple commodité.

— Que voulez-vous que j'en fasse ? Je soupçonnais bien que c'étaient elle et ses obligés qui balancent au *Canard*, dis-je à mon interlocuteur.

— Gardez-les pour vous, si ça peut vous être utile. Nous, on va s'en servir, me répondit-il.

Je n'avais pas conscience que les informations que j'avais entre les mains allaient déclencher une cascade d'événements qui conduiraient à ma propre chute.

J'étais encore au café quand mon secrétariat me passa un appel urgent : c'était la contrôleuse générale économique et financière. Ce haut fonctionnaire, dont la charge m'était inconnue avant de travailler à l'INA, dépend d'un service de Bercy qui a pour mission principale de contrôler les dépenses *ex ante* des grandes sociétés publiques. La cheffe du service contrôlant les médias publics était une femme de caractère qui détonnait dans l'univers gris des énarques par un franc-parler aussi direct qu'étaient vives les couleurs de ses tenues relevées de gros bijoux fantaisie.

— J'ai eu une discussion dingue avec ta successeure à l'INA», commença-t-elle par me dire. Elle m'a avoué avec une franchise de petite fille que c'était elle qui avait donné les éléments sur les consultants que tu as fait travailler.

— Il n'y avait pas un grand suspense non plus, lui répondis-je. Tu sais, pour confondre le conseil en stratégie et le conseil en communication et les mélanger sur des périodes et des présidences différentes, il fallait bien ne pas être en place à l'époque. Pour moi, seuls des gens qui n'étaient pas en poste avec moi pouvaient sortir toutes ces crasses.

— Elle m'a raconté surtout, poursuivit la contrôleuse générale, qu'elle n'était pour rien dans les fuites à la presse. C'est la ministre elle-même qui lui a demandé de chercher s'il n'y avait pas de contrats douteux à l'époque de l'INA. Parce que, de toi à moi, l'IGF n'a rien trouvé à redire sur le bureau de Radio France.

— Ah bon, tu as déjà des infos ?

— J'ai compris qu'il n'y avait rien à te reprocher, et c'est pour ça qu'ils veulent chercher du côté de l'INA.

— On est donc allé fouiller les poubelles pour le compte de la ministre ? Mais c'est ignoble.

— Elle me l'a avoué, je voulais que tu le saches.

J'avais raccroché, sonné par la nouvelle. Qu'une ministre de la République puisse se prêter à un acte de déstabilisation du dirigeant d'un média public, je n'arrivais pas à le croire. Pas en 2015, pas en France, pas dans la réalité. Depuis quelques semaines, j'avais l'impression de vivre dans une mauvaise série télé. J'en plaisantais parfois avec ma directrice de cabinet, en me disant qu'une fois toute cette crise passée, nous aurions les éléments d'un scénario à proposer à Canal+.

Je devenais paranoïaque, persuadé d'être sur écoutes. Alors que je voulais partager avec le président du CSA les propos que l'on m'avait rapportés sur Agnès Saal, pour pouvoir nous parler hors des oreilles non sollicitées, nous étions convenus avec Olivier Schrameck de nous appeler sur le numéro de téléphone portable du fils du chauffeur de l'un et celui de la secrétaire de l'autre.

Le même soir, j'étais convié à un dîner à Bercy avec l'ensemble des dirigeants des entreprises dans lesquelles l'État est actionnaire. Autant dire que je n'avais ni le cœur ni la tête à échanger autour d'un saumon trop cuit flottant dans une sauce hollandaise trop diluée, avec les présidents d'Eramet, Thalès, GIAT Industries et autres costumes gris portant cravates club.

Le directeur général de l'Agence des participations de l'État m'avait appelé dans l'après-midi pour me convaincre de venir :

— Il n'y aura que des amis et des gens qui te veulent du bien, ça te changera les idées.

« Tu parles ! » pensai-je en mon for intérieur. Tous ces hauts fonctionnaires sûrs de leur talent depuis la naissance devaient bien se gausser de voir un jeunot sous-diplômé se débattre à Radio France entre les syndicats, *Le Canard enchaîné*, l'Inspection des finances et une ministre de tutelle qui voulait sa peau. Mais j'avais décidé de faire l'effort d'y aller. Éric me déposa chez moi le temps de me raser, de passer une chemise et un costume pas froissé et nous partîmes vers la « forteresse » de Bercy. Avant de gagner le septième étage, celui des salles à manger et autres espaces de réception, je pris le temps d'appeler Olivier Schrameck pour partager avec lui les dernières informations qui m'avaient quelque peu déstabilisé.

Planqué dans un parking du ministère de l'Économie et des Finances, j'appelai le numéro qu'il m'avait confié sur un bout de papier. Il ne parut pas étonné par ce que je lui annonçai :

— Ça ne me surprend pas. Les informations qui circulent dans Paris vont dans le même sens : c'est la ministre qui organise les fuites dans la presse. Tu sais, elle est sans limites. Elle est en mauvaise posture, le Président ne l'apprécie pas et elle n'a rien fait de marquant depuis sa nomination.

— Si, se montrer incapable de citer le titre d'un roman du dernier prix Nobel de littérature !

— Il ne faut pas que tu te laisses impressionner par cette affaire, me conseilla Schrameck. Reste concentré sur la résolution du conflit social. C'est sur ça que tu seras jugé. On t'auditionnera dans quelques semaines, le temps que tu aies rétabli la situation.

— Tu as raison, mais je ne croyais pas le milieu capable de telles bassesses.

— Tu as été en cabinet ministériel, tu sais comment ça se passe, n'est-ce pas ? Tu ne devrais pas te laisser impressionner. Ça fait partie du jeu politique, c'est tout.

— Je promets de m'accrocher, j'ai la rage au ventre.

Pendant le dîner, je fis bonne figure malgré mon teint hâve et mes traits creusés. Les autres patrons réunis à Bercy se montrèrent très amicaux, par compassion et certainement par anticipation en imaginant pouvoir se retrouver un jour dans pareille situation. Je les avais mal jugés, enfermé moi aussi dans des préjugés, comme souvent quand il s'agit de ces anciens bons élèves devenus capitaines d'industrie auxquels j'avais du mal à m'identifier. Certainement la preuve d'un complexe que je n'avais pas dépassé, celui de l'imposteur.

Après cette journée éprouvante, j'avais rejoint mon avocat en fin de soirée. J'avais besoin de lui parler, à lui aussi qui m'accompagnait dans mes mésaventures depuis plusieurs années.

Christophe Ingrain, qui habitait aux environs du canal Saint-Martin, m'avait donné rendez-vous un peu avant minuit dans un bar à cocktails branché de son quartier. Un repaire de jeunes bobos où l'on sert des jus au concombre aromatisés au thym associés à du gin. Christophe avait la quarantaine et nous nous étions connus par le biais des anciens élèves de Sciences Po Bordeaux. Après avoir été conseiller à l'Élysée auprès de Nicolas Sarkozy, cet ancien magistrat était devenu avocat dans le prestigieux cabinet d'affaires de Jean-Michel Darrois. Il m'avait déjà accompagné dans une enquête préliminaire ouverte à mon encontre sur les conditions de ma nomination à l'INA, en 2010. J'y reviendrai. Christophe a le cœur à droite et la parole tranchante dès qu'il s'agit du pouvoir qui a succédé à celui qu'il a servi.

Il n'avait déjà pas une très bonne image de la ministre qui peinait à exister dans son champ de compétences et le récit que je lui fis ne pouvait que conforter ses premières impressions.

— Je suis écœuré par les méthodes employées contre moi. Je suis cerné, lui confiai-je. Dis-toi quand même qu'ils sont allés recruter au cabinet un gars que j'avais viré quelques mois plus tôt. Un type qui s'était construit son pré carré à partir d'un des nombreux placards que j'ai découverts en arrivant à Radio France. Mais le gars a le bras long parmi ses confrères journalistes, surtout en presse écrite.

— Ils t'avaient prévenu de ce recrutement ?

— Le dircab m'avait appelé pour m'en informer et me demander si ça ne me gênait pas !

— Il se foutait de ta gueule, non ? me demanda Christophe.

— Certainement. Mais ce qui est sûr, c'est que j'ai un nouvel adversaire au cabinet de ma ministre de tutelle, quelqu'un qui a de bonnes raisons de m'en vouloir et les bons réseaux pour alimenter la presse contre moi !

La pression était maximale pour me pousser à démissionner. Mais j'attendais le rapport définitif de l'Inspection des finances avant de réagir, confiant dans l'objectivité de ce prestigieux service et dans l'esprit d'indépendance qui guiderait la rédaction de son rapport. Les premiers éléments récoltés par les trois inspecteurs dépêchés en urgence à Radio France n'apportaient pas d'informations venant conforter les partisans de mon départ. Mais je savais aussi que dans ce type de démarche, par-delà les faits, les mots choisis pour les relater vous blanchissent plus ou moins blanc. Tout est affaire de nuances.

Antoine venait d'arriver à Paris et nous passâmes le week-end avec des amis. Jean-François Dubos, le président du directoire de Vivendi que j'avais connu lorsque j'étais en charge des affaires publiques de

Canal+, m'envoyait depuis le début de la crise un texto chaque jour, pour prendre de mes nouvelles et témoigner son amitié. Lui qui avait conseillé le ministre de la Défense de François Mitterrand, Charles Hernu, connaissait les tempêtes politiques et médiatiques et savait combien elles peuvent peser sur la santé mentale de ceux qui les traversent. Le samedi soir, il avait pris l'initiative de nous emmener au théâtre. La pièce d'un auteur contemporain aux succès intermittents se jouait au fin fond du XIVe arrondissement. Le texte était médiocre, mais les comédiens, notamment le rôle principal, avaient un physique avantageux qui suffit à divertir mon regard. Je fus reconnu par des spectateurs qui n'avaient pu s'empêcher de twitter cette information qui n'en était pas une : «*Pendant la grève, le président de Radio France va au théâtre !*»

J'avais suspendu mon compte Twitter depuis plusieurs semaines. Je savais bien que c'était le lieu de toutes les vociférations qui ne peuvent que blesser quand elles vous visent personnellement. Ma mère, en revanche, et contrairement à ce que je lui avais recommandé de faire, n'avait pas supprimé l'alerte Google qui lui signalait toutes les nouvelles occurrences concernant son fils sur le Web. Autant dire qu'elle passait l'essentiel de ses journées à lire des articles globalement défavorables qui avaient des conséquences néfastes sur son sommeil. Antoine avait vu le tweet sur nous au théâtre, mais n'en avait rien dit.

Dans la semaine qui suivit, j'appris que les directeurs de cabinet des ministres commanditaires de l'enquête de l'IGF, à savoir Fleur Pellerin, Michel Sapin et Emmanuel Macron, s'étaient fait présenter les premières conclusions avant le rapport définitif. *Le Canard enchaîné* poursuivait ses publications hebdomadaires, mais même les bonnes sources finissent par se tarir et ses informations ressemblaient davantage à des fonds de casserole réchauffés. J'avais réussi à regagner mon bureau. Le dialogue n'était pas renoué pour autant avec les syndicats, mais l'usure commençait à se faire sentir sur les troupes. L'annonce par la ministre de la désignation d'un médiateur était porteuse de deux informations : le rapport de l'IGF ne désapprouvait en rien la gestion de Radio France; le CSA n'avait pas l'intention de lâcher celui qu'il avait nommé à l'unanimité une année auparavant. Le recours au médiateur que syndicats et direction avaient appelé de leurs vœux s'était imposé à l'État.

Après une semaine de concours blancs, Antoine avait à son tour besoin de se changer les idées et je proposai de le rejoindre pour passer ensemble quelques jours au Pays basque. J'y avais passé mes vacances de juillet pendant une bonne dizaine d'années, enfant puis adolescent, quand mes parents louaient un petit appartement situé au rez-de-chaussée d'une résidence historique du front de mer de Saint-Jean-de-Luz. Nous étions en train de déjeuner au soleil, place Louis-XIV, quand un *push* du journal *Le Monde* vint annoncer que le rapport de l'Inspection des finances blanchissait le PDG de Radio France de toute dépense inconsidérée. Je me souviens encore aujourd'hui de cette scène, du goût des *chipirons* au chorizo et à l'ail, du verre d'irouléguy qui les accompagnait et des mouchous de chez Pariès que nous mangeâmes ensuite sur la plage. Je me souviens aussi des SMS et des appels qui partageaient mon soulagement et la reconnaissance de mon innocence. Je me souviens enfin de la capture d'écran avec l'information du *Monde* que mon amie Claire avait republiée sur son compte Instagram, couverte d'un émoji de circonstance : un poing levé.

Survivor

La crise avait duré un mois, vingt-huit jours exactement plus un. Un de plus, car certains militants de base de la CGT refusaient encore d'arrêter la grève. Les délégués syndicaux avaient beau avoir signé notre accord, « la base » qui depuis quatre semaines se retrouvait chaque jour dans le Studio 105 pour « chanter la carmagnole », selon la formule de l'un de mes directeurs, n'entendait pas arrêter « la lutte ». Certains avaient eu l'impression de revivre Mai 68 à l'occasion de ce mouvement de grève historique. Jamais, en effet, depuis cette époque, la radio publique n'avait connu pareil blocage. *Le Monde* avait consacré pas moins de quatre unes au conflit. La grand reporter Annick Cojean avait publié une longue enquête sur la crise, certains producteurs de la « Maison ronde » y étaient allés de leur tribune pour décrire leur malaise et mettre en avant des solutions qui permettraient d'en sortir. J'avais même eu droit à un dessin de Plantu établissant un parallèle entre l'ancien secrétaire général de la CGT, Thierry Lepaon, débarqué pour cause de rénovation jugée trop coûteuse de son bureau de Montreuil, et moi. Morale du dessin : quand on veut faire tomber un homme, l'attaque qui consiste à s'en prendre au lieu d'où il dirige peut se révéler efficace. Thierry Lepaon faisait un au-revoir de la main et écrasait une larme en quittant le sien, alors que j'étais toujours assis dans le mien.

Ma rencontre avec le médiateur me redonna confiance. Celui-ci allait s'installer pour plusieurs semaines à Radio France, et j'avais bien compris que l'État souhaitait ainsi me mettre sous tutelle, ou du moins, sous surveillance. Mais l'honnête homme que j'avais à côté de moi ne tenait pas à jouer les maires du palais. Notre relation en fut immédiatement plus franche et plus fluide.

Je ne pouvais en dire autant de la ministre de la Culture. La dernière humiliation qu'elle m'infligea, au vingt-huitième jour de grève, consista à débarquer un soir à Radio France pour rencontrer les syndicats. J'étais en train de téléphoner à Antoine sur les coups de 20 heures quand le directeur de cabinet de la ministre m'appela pour m'informer qu'il était en route avec Fleur Pellerin pour la Maison de la radio. Je descendis les attendre dans le hall d'entrée. Je leur ouvris avec mon propre badge la porte d'une salle de réunion réservée par les syndicats qui attendaient déjà à l'intérieur. J'assistai en spectateur contraint à la discussion entre eux. Je compris alors ce que je ne faisais que soupçonner jusque-là : les deux parties se connaissaient déjà bien, et les références à de précédentes rencontres me confirmaient que dans les dernières semaines, à peine avais-je quitté le bureau de la ministre que celle-ci accueillait les représentants syndicaux de Radio France. J'avais rentré depuis longtemps ma fierté, considérant que dans pareille situation, mieux vaut ne pas mettre trop d'égo au risque de le perdre. La ministre tenta de convaincre les derniers récalcitrants de lever la grève, ce qui fut fait le lendemain. Je voyais dans ces dernières gesticulations une victoire à la Pyrrhus, et ne manquai d'ailleurs pas de le lui faire savoir :

— Ton cabinet n'aurait jamais dû te laisser t'exposer ainsi dans un conflit social. Tu pourras bien faire valoir que c'est toi qui lui as apporté une résolution, tu n'en resteras pas moins comptable, au moins autant que moi, de la crise.

Celle-ci une fois retombée, nous nous rejoignîmes avec Antoine à la mi-mai pour un bref séjour au Festival de Cannes. Je décidai de reprendre le cours normal de ma vie de dirigeant de Radio France et ne voyais pas ce qui m'empêcherait de venir passer quelques jours à ce rendez-vous incontournable du cinéma et des médias. C'était la première fois qu'Antoine venait à Cannes pendant le grand barnum du Festival. Il s'était arrêté quelques jours avant chez ses parents qui vivaient aussi sur la Côte d'Azur. Le choc entre une paisible ville de retraités – Menton – et Cannes, version Festival du film, fut brutal pour lui. Antoine n'appréciait pas beaucoup la population bling-bling de sa région de naissance dont il avait tenu à s'éloigner en venant étudier à Bordeaux. Ce mélange de vulgarité, de cupidité et de bêtise que laissaient voir jusqu'à la caricature les programmes de téléréalité lui faisait horreur.

Le Festival de Cannes, c'est ce même mélange des genres : les bimbos des *Anges* ou des *Marseillais* à qui l'on fait monter les marches pour poser devant une nuée de photographes et qui repartent immédiatement par l'escalier de service, sans avoir vu le film roumain sous-titré présenté en compétition ; les top models portant des parures de plusieurs millions d'euros, escortées par des molosses à oreillette dont la présence est exigée par les assurances ; les « monstres sacrés » – ou ce qu'il en reste – qui constatent avec l'amertume du temps qui a passé qu'ils sont parmi les derniers sur le tapis rouge à avoir connu Visconti ou Melville.

Les films que nous avons vus pendant ces trois jours ne m'ont laissé aucun souvenir, ce qui est très fréquent à Cannes. Je me sentais vivant d'être là, dans ce milieu que je connaissais si bien pour le côtoyer depuis 2004, de jour comme de nuit. Les nuits justement, après films et soirées, nous dansions jusqu'au petit matin sur la terrasse d'Albane, la nouvelle reine de la nuit cannoise. Le dimanche, je rejoignis le traditionnel déjeuner de la SACD où le patron, l'indéboulonnable Pascal Rogard aux faux airs de Jean Gabin, recevait parlementaires, ministres et réalisateurs. Une ambiance de famille en semi-vacances qui se retrouve comme chaque année sur la même plage et où l'on regarde comment les uns ne changent pas, comment les autres sont devenus disgracieux avec l'âge et où l'on a déjà oublié ceux qui ne sont plus du voyage. J'étais venu au déjeuner habillé d'un polo Lacoste gris. J'étais bronzé – avec mes origines méditerranéennes, je prends vite le soleil – et entreprenant avec chacun. Ma présence, ma tenue et mon entrain me valurent quelques remarques sous cape à mon retour à Paris. Olivier Schrameck me fit la leçon, lors d'un entretien en juin.

« On m'a beaucoup parlé de ta venue à Cannes, en polo. Tu pousses, quand même ! » me sermonna-t-il, la moue désapprobatrice.

L'été approchait, et avec lui sa succession de festivals culturels dont Radio France était le fidèle partenaire : Montpellier, Aix-en-Provence, Arles, Avignon. Les trois années à venir allaient être rythmées par ces rituels auxquels j'associais Antoine. Au cours du mois de juin, je décidai de reprendre en main mon équipe. Les périodes de tensions et de crises permettent de révéler – ou confirmer – les tempéraments. Il y avait eu ceux qui étaient présents mais tétanisés (les plus nombreux), ceux qui étaient absents et inactifs (on ne risquait pas de les remarquer), ceux qui étaient et présents et actifs (la garde prétorienne), enfin ceux qui étaient absents et actifs – actifs pour préparer « l'après », au cas où… Olivier Poivre d'Arvor, OPDA pour le milieu, le directeur de France Culture, était de ceux-ci.

Seul à avoir été maintenu à son poste à mon arrivée en 2014 – « Il fait du bon boulot, m'étais-je dit. Je ne vais pas le sortir pour le plaisir » –, il avait voulu jouer un rôle de facilitateur au plus fort de la crise. Il avait mis en avant ses amitiés à gauche pour m'assurer de son soutien. Sous le sceau du secret, il m'avait même confié que le nouveau contrôleur économique et financier auprès de l'INA, un ponte du Grand Orient de France, ancien militant des Jeunes socialistes et dont OPDA connaissait le compagnon, ne trouvait rien à redire à ma gestion de l'INA. Pourtant il ne s'agissait que de diversion puisque une note à charge parviendra au *Canard enchaîné* sur les contrats de conseil concernant ma présidence précédente, tout en cherchant à minorer l'addiction aux taxis de ma successeure. Mais la crise durant, OPDA s'était mis à penser que le timonier de la « Maison ronde » allait devoir lâcher son gouvernail. Lui qui était candidat de longue date à tous les postes en vue de la République culturelle – y compris le ministère – avait fini par croire son heure venue à Radio France. Il avait eu l'imprudence de faire état de ses services et de sa disponibilité à Matignon, ce qui n'avait pas tardé à revenir à mes oreilles, de plusieurs sources.

Quand on survit à une épreuve présumée fatale, il faut commencer dans sa deuxième vie par écarter ceux qui vous ont fait défaut dans la première. J'avais retenu la leçon de mes années de cabinet ministériel où le jeu des parties prenantes dépend de votre capacité à survivre aux remaniements. Ils n'étaient pas si nombreux ceux qui devaient quitter l'aventure après la tempête. Le DRH était évidemment la victime expiatoire toute désignée à l'issue d'un conflit social dur. L'homme avait certes manqué d'anticipation, et ses habitudes ne l'avaient pas alerté sur une crise autrement plus grave que celles qu'il avait affrontées jusque-là, mais sa loyauté n'avait pas été prise en défaut. Dominique-Jean Chertier, le médiateur, m'avait soufflé le nom d'un ancien DRH de l'industrie aéronautique, comme lui, conseiller social du jeune ministre de l'Économie, Emmanuel Macron. Cela ne pouvait pas m'être reproché de nommer, en gage de renouveau du dialogue social, un proche du pouvoir. L'affaire avait été conclue au début de l'été.

Le cas de ma directrice générale déléguée était à la fois plus simple et plus compliqué. Je connaissais Catherine Sueur depuis mon passage à Bercy. Inspectrice des finances, je l'avais croisée à nouveau lorsqu'elle était administratrice adjointe du Louvre et moi conseiller de deux ministres de la Culture. Enfin, c'est avec elle que j'avais négocié la convention pluriannuelle qui lie Radio France et l'INA pour la gestion et la mise à disposition des archives de la radio publique. Catherine, c'était la *girl next door*, d'abord joyeux et sympathique, et je n'avais pas songé lors de mon arrivée à m'en séparer, malgré les avis contraires de mon entourage et de membres du CSA. J'avais en revanche totalement changé l'organisation précédente de type pyramidal en un «râteau» où l'ensemble des fonctions de gestion, mais aussi les directions éditoriales, me reportaient en direct. *De facto*, j'avais réduit le périmètre de la directrice générale déléguée qui n'était plus qu'une parmi six autres auprès de moi. Le signal était clair et la décision était à prendre ou à laisser. Catherine avait choisi de faire contre mauvaise fortune bon cœur, mais j'avais bien conscience qu'elle chercherait son avenir ailleurs. Trouvant que sa position pendant la crise avait été trop en retrait, j'avais décidé que l'heure était venue de nous quitter.

Catherine Sueur réintégra l'Inspection des finances quelques mois plus tard. Elle en a pris la direction au printemps 2022. Une page se tournait.

Restait le cas du directeur de France Culture, qui avait eu la fâcheuse idée de proposer ses services au gouvernement sans préjuger d'une sortie de crise moins conforme à ses espérances. Diplomate, il était détaché depuis cinq ans à Radio France. Je venais d'apprendre que son détachement se terminait à la fin de l'été 2015 et j'étais bien décidé à ne pas le renouveler. Mais j'attendais que ce collaborateur imprudent me demande si j'envisageais son prolongement, ce qu'il fit alors que j'étais sur le chemin du Festival lyrique d'Aix-en-Provence.

OPDA m'avait écrit en ce sens le jeudi. Je lui répondis simplement de prendre rendez-vous avec Leïla, ma fidèle assistante depuis 2007, à qui j'avais donné consigne de ne pas le fixer avant le jeudi suivant. J'avais envie de le laisser patienter pendant quelques jours. Je le reçus le jeudi soir, à 19 heures, et lui dis que je le laissais retourner dans son administration d'origine. Il n'en crut pas ses oreilles et se montra rapidement vindicatif, mettant en avant son patronyme célèbre et les relations haut placées de son frère.

— Crois-tu que tes menaces me font peur? lui rétorquai-je. Quand on ressort vivant d'une tempête comme celle que j'ai traversée, et pendant laquelle tu n'as rien trouvé de mieux que de proposer tes services pour me remplacer, on est en Kevlar, Olivier.

Le diplomate avait perdu son sang-froid et était ressorti de mon bureau avec la ferme intention de crier à l'injustice et de faire connaître son triste sort dans tout Paris. Notamment auprès de ceux qui, comme lui, regrettaient mon maintien.

Le lendemain matin, sentant que l'information de ce départ non sollicité ne serait pas tenue très longtemps secrète, je me réveillai en écoutant France Culture. Qui fit l'ouverture de son journal de 7 heures avec l'annonce du limogeage de son directeur. J'avais prévenu la veille ma directrice de la communication, et un communiqué était sorti quelques heures après signalant que le directeur de la chaîne du savoir et de la connaissance ne serait pas reconduit à la rentrée. L'absence de précision sur les motifs de cette fin de collaboration donnait par elle-même le sens de cette décision.

J'avais désormais autour de moi une équipe soudée, prête à repartir de l'avant et à porter les projets de transformation qui devaient marquer ma présidence à Radio France.

Les ministres et moi

Les ministres de la Culture ont une durée de vie d'à peine deux ans depuis le milieu des années 1990. Jack Lang aura été le seul à passer une décennie entière rue de Valois, presque autant qu'André Malraux, pour qui le ministère des Affaires culturelles avait été créé.

Quand on emprunte le couloir conduisant du Salon Alechinsky bleu et blanc, qui sert de salle d'attente du cabinet du ministre, au Salon des Maréchaux, une sorte de salle des fêtes de création récente destinée à abriter des réunions de travail et pince-fesses pour *happy few*, on est frappé par l'enchaînement des portraits des anciens locataires et la brièveté de leurs mandats : Philippe Douste-Blazy (1995-1997), Catherine Trautmann (1997-2000), Catherine Tasca (2000-2002), Jean-Jacques Aillagon (2002-2004), Renaud Donnedieu de Vabres (2004-2007), Christine Albanel (2007-2009), Frédéric Mitterrand (2009-2012), Aurélie Filippetti (2012-2014), Fleur Pellerin (2014-2016), Audrey Azoulay (2016-2017), Françoise

Nyssen (2017-2018), Franck Riester (2018-2020), Roselyne Bachelot-Narquin (2020-2022). Treize en vingt-cinq ans. Un rythme devenu frénétique.

Fleur Pellerin était la titulaire du poste depuis août 2014. Chargée des questions numériques pendant la campagne de François Hollande, elle se retrouva naturellement ministre de ce secteur au printemps 2012. Énarque, diplômée de l'ESSEC, conseillère référendaire à la Cour des comptes, elle avait porté les couleurs de la *French Tech* à travers le monde, étant à l'origine de la création de ce label permettant de promouvoir les start-up françaises à l'international. Son action était d'ailleurs saluée dans les milieux de la *tech* et du capital-risque (le *venture capital* ou *VC* pour faire plus international). Elle m'avait reçu à Bercy où je venais plaider la cause de l'INA dont le plan de numérisation des archives nécessitait d'être poursuivi au-delà des années 2010.

J'étais arrivé à Radio France depuis quelques mois seulement quand un remaniement ministériel fut décidé le 26 août 2014. Tout était parti de la Fête de la rose de Frangy-en-Bresse, où le ministre du Redressement économique, Arnaud Montebourg, avait poussé la provocation à l'égard du président de la République en affirmant l'air goguenard, devant les nombreux médias venus couvrir cet événement de la rentrée socialiste, vouloir envoyer «une bonne bouteille de la cuvée du redressement» à l'Élysée pour mieux appuyer sa critique de la politique économique mise en œuvre par l'exécutif. Cette provocation de trop avait conduit au renvoi dudit Montebourg et de celui qui l'accompagnait lors de ce déplacement en Saône-et-Loire, l'éphémère ministre de l'Éducation nationale Benoît Hamon. Par solidarité avec ses collègues – et alors que le grand public ne savait pas qu'elle partageait aussi la vie d'Arnaud Montebourg – Aurélie Filippetti avait démissionné du ministère de la Culture. Pour la remplacer rue de Valois, Manuel Valls avait poussé une proche, Fleur Pellerin, qui occupait depuis quelques mois seulement le secrétariat d'État au Commerce extérieur. C'est à l'occasion de ce remaniement qu'Emmanuel Macron fut aussi nommé ministre, en remplacement de Montebourg à Bercy. De là à dire que sans « la cuvée du redressement », mon avenir professionnel aurait été tout autre... Mais ne brûlons pas les étapes.

La nouvelle ministre s'était montrée plus à l'écoute que sa prédécesseure quand j'étais venu lui présenter, dès septembre, mon plan de redressement – c'était le terme à la mode pour qui voulait se faire virer ! – des comptes de Radio France. Et comme je l'ai dit, elle avait soutenu ce plan, notamment le projet de transférer l'Orchestre national de France au théâtre des Champs-Élysées, sous financement de la Caisse des dépôts. Pour une raison qui m'échappa, son cabinet mit de la distance entre nous, si bien que je dus attendre février 2015 avant de la revoir et d'obtenir son arbitrage, qui ne vint pas malgré les cinq mois qui s'étaient écoulés depuis notre première entrevue.

Entre-temps, Fleur Pellerin avait brûlé son capital auprès des publics fort corporatistes et endogames de la Culture. Les arts de la scène, les arts plastiques, l'archéologie préventive, le secteur du cinéma, celui du patrimoine ou encore l'audiovisuel, elle ne trouvait grâce auprès d'aucun. Pour elle, enfermée dans une image de technocrate technophile, le début de sa fin politique avait sonné lors d'une interview sur Canal+, où la ministre se plaisait à raconter son récent déjeuner avec Patrick Modiano, tout juste distingué du prix Nobel de littérature. Elle n'avait su quoi répondre quand la journaliste lui avait demandé quel était son livre préféré du nouveau nobélisé. Pis, elle avouait, avec une sincérité dont elle ne mesurait pas l'effet destructeur pour sa crédibilité en matière de culture, qu'elle n'avait plus le temps de lire depuis deux ans autre chose que les notes préparées par son cabinet et les dépêches AFP. Le cabinet ne devait pas avoir préparé de notes avant son déjeuner avec l'auteur de *La Place de l'Étoile* et de *Rue des Boutiques Obscures*.

Un an plus tard, toujours sur Canal+, on voyait la ministre faire visiter son bureau qu'elle semblait découvrir, incapable cette fois de reconnaître la grande toile de Jean-Michel Sanejouand qui recouvrait tout un pan de l'immense pièce qu'occupa le fondateur du ministère de la Culture, André Malraux. Elle aggravait son cas en ouvrant devant les caméras du *Petit Journal* des rapports non lus et des livres encore enveloppés sous cellophane.

Les derniers clous furent enfoncés par le président de la République et son Premier ministre eux-mêmes. À la rentrée 2015, le microcosme politico-culturel avait assisté, au Forum des images des Halles à Paris, à l'avant-première du film que le documentariste Yves Jeuland avait consacré à l'Élysée sous François Hollande, *Un temps de Président*. Le réalisateur avait suivi la vie du «Château» en août-septembre 2014 puis de novembre 2014 à janvier 2015. J'assistai à cette projection devant une salle comble. Le public du Forum avait découvert avec un ahurissement ponctué d'éclats de rire cette scène où la caméra suivait le tout nouveau gouvernement en train de boire un verre sur le perron de l'Élysée après le remaniement d'août 2014. On y voyait le Président et le Premier ministre donner des conseils à la toute fraîche ministre de la Culture. Cornaquée par les deux vieux brisquards de la politique que sont Hollande et Valls, Fleur Pellerin y recevait des conseils avisés du genre :

— *Ton premier rendez-vous, c'est Jack Lang. Jack, il avait des idées, va le voir ! lance Hollande.*

— *Oui, vois Jack, et Monique, bien sûr, surenchérit Valls. Tu peux l'utiliser.*

— *Et puis, tous les soirs, tu vas au spectacle, tu te tapes tout, relance Hollande. Ils veulent que tu les aimes, que tu leur dises que c'est beau.*

La scène était très drôle, mais l'effet en fut redoutable. Le Président et son Premier ministre y apparaissaient comme des cyniques qui se contre fichent du secteur culturel, considéré comme une clientèle à brosser dans le sens du poil. La nouvelle ministre semblait, quant à elle, se trouver là par le fruit du hasard, sans aucune conviction lui permettant d'apporter quelques idées en réponse à la leçon d'inconséquence que ses deux supérieurs venaient de lui asséner d'un œil gourmand.

Dès les premières images, la ministre de la Culture Pellerin était ridiculisée par ceux qui venaient de la nommer. Son passage rue de Valois fut un long chemin de croix, comme il l'avait été pour tant de ses prédécesseurs, et le sera certainement aussi pour ses nombreux successeurs. Elle fut finalement renvoyée sans élégance six mois après la diffusion du documentaire, en février 2016, en plein débat parlementaire.

Nos relations avaient viré à l'affrontement au point qu'elle était devenue mon adversaire. Son action en justice contre Agnès Saal et moi aurait pour conséquence mon départ de Radio France. Comme l'avait écrit le journaliste du *Parisien* Benoît Daragon : « Ces deux-là ne partiront pas en vacances ensemble. »

Ce n'était pas mon intention. Mais je dois reconnaître qu'elle avait fait un très bon travail quand elle était en charge du numérique, un ministère de conquête qu'elle avait su incarner et qui, d'ailleurs, lui a permis de poursuivre une belle carrière dans le financement des start-up françaises à la tête d'un fonds d'investissement. À la culture, comme l'avait affirmé cruellement Claude Allègre de sa collègue

Catherine Trautmann quinze ans plus tôt : « C'était une erreur de casting ».

Dépourvue du sens des symboles, sans légitimité culturelle, sans poids politique, sans s'être préparée tout simplement, Fleur Pellerin avait été réduite à gérer l'existant qui étouffe toute marge de manœuvre.

Je connais bien la rue de Valois pour avoir servi les deux ministres sous la présidence de Nicolas Sarkozy, Christine Albanel puis Frédéric Mitterrand.

Je garde un souvenir empreint de nostalgie et d'enthousiasme des deux années passées auprès de Christine Albanel. Elle n'est pas forcément celle parmi les nombreux titulaires dont on se rappelle le plus dans la décennie 2000, mais l'aventure qu'elle m'a permis de vivre fut la plus marquante et la plus structurante pour la suite de ma vie professionnelle.

Nous formions une équipe particulièrement soudée, par solidarité avec une ministre très tôt attaquée en raison de sa difficulté à incarner la fonction. Christine connaissait pourtant parfaitement le milieu et l'action politiques. Elle avait suivi Jacques Chirac de l'Hôtel de Ville de Paris à Matignon, puis à l'Élysée où elle avait été sa plume. Le discours du Vel' d'Hiv' le 16 juillet 1995, c'était elle. Celui de l'hommage à François Mitterrand, le soir de sa mort le 8 janvier 1996, elle encore.

« Seul compte finalement ce que l'on est dans sa vérité. Et ce que l'on peut faire pour la France. À l'heure où François Mitterrand entre dans l'Histoire, je souhaite que nous méditions son message ».

En prononçant ces mots, Chirac était devenu à mes yeux ce jour-là président de la République. Christine connaissait également bien le milieu de la culture, notamment pour avoir présidé le château de Versailles avant que Nicolas Sarkozy ne l'appelle au gouvernement en mai 2007. Mais elle n'était pas prête – et au fond, le voulait-elle? – à passer sous les feux de la rampe. L'exposition médiatique du poste, elle ne l'avait pas bien mesurée. Et puis les relations avec le Président s'étaient vite distendues. Je me souviens de son air atterré en nous racontant comment, un samedi, le président de la République lui avait demandé de le rejoindre au Bristol. Elle s'attendait à une réunion de travail et découvrait le Président en train de prendre l'apéritif avec Rachida Dati, la garde de Sceaux, José Maria Aznar, l'ancien chef du gouvernement espagnol et le chanteur Julio Iglesias ! Elle n'avait pas compris ce qu'elle faisait là et à y réfléchir, je pense que Nicolas Sarkozy non plus.

À partir de ce moment, il nous fallut redoubler d'efforts pour gagner les arbitrages interministériels. Dans le même temps, la ministre avait forcé sa nature en acceptant de s'exposer dans les médias jusqu'à recevoir les caméras de *Cinquante minutes inside* de Nikos Aliagas au ministère. La fidèle Paulette, sa chargée de mission, ancienne capitaine de corvette, s'occupait de la relooker dans l'espoir qu'elle perde son image trop sage de Versaillaise au carré et cols claudine de dame des bonnes œuvres, et se transforme en cinquantenaire épanouie portant cheveux courts et vestes en cuir zippées. Trop tard. Quand l'image est imprimée, il est difficile de faire changer d'avis le petit monde des médias, de la politique et de la culture. Les rapaces tournaient déjà au-dessus de la rue de Valois. Une semaine, la presse laissait entendre que c'était le ministre de l'Éducation nationale qui visait le poste, une autre, c'était la ministre de la Santé qui avait laissé échapper pendant l'entracte à l'Opéra Bastille qu'elle ferait encore mieux pour les artistes que pour les infirmières.

Quand je me promène aujourd'hui dans les jardins du Palais-Royal, je ne peux m'empêcher de regarder les fenêtres en demi-lune situées juste au-dessus des grandes portes-fenêtres de l'étage noble de l'ancien palais de Jérôme Bonaparte. C'est là que j'avais installé mon bureau en 2007, un ancien couloir où étaient disposées les photocopieuses. Si l'on a travaillé dur pendant cette période, on a aussi beaucoup réformé le secteur au cours de ces deux années de course d'obstacles. La ministre était très courageuse, au point que *Le Figaro*, qui ne l'épargnait guère, l'avait surnommée la « Mère Courage de la rue de Valois ». En repensant à cette vie de cabinet ministériel aux côtés de Christine Albanel, j'ai le sentiment d'avoir beaucoup fait, mais d'avoir aussi beaucoup appris. Les médias français n'étaient pas encore bousculés dans leurs modèles économiques par les plateformes internationales qui menacent aujourd'hui leur existence. L'univers de la télé était encore un marigot fermé où les crocodiles menaient une lutte de territoire. La presse avait entamé son lent déclin avant que le numérique ne lui redonne dix ans plus tard l'espoir de continuer à peser dans le débat démocratique. La radio était certainement le plus stable des médias anciens, fruit d'un paysage audiovisuel qui s'était figé depuis le milieu des années 1990 avant que les podcasts ne viennent déranger des positions trop établies. Au-delà des réformes économiques impulsées par Nicolas Sarkozy, le secteur avait été secoué par l'initiative du chef de l'État de supprimer la publicité sur les télévisions publiques le 8 janvier 2008, qui avait pris tout le monde de court, la ministre de la Culture la première. Je me souviens encore, quatorze ans plus tard, de cette cérémonie des vœux à la presse où elle fut annoncée. C'était le jour de mes 31 ans.

J'étais parti le 31 décembre pour passer les dix premiers jours de janvier en vacances en Thaïlande, après avoir assuré la permanence au sein du cabinet entre Noël et le Jour de l'an. C'est un des beaux voyages que nous avons faits ensemble, mon ami Philippe et moi, au cours des années 2000. Nous sortions d'un bar à fruits où nous venions de déguster de belles mangues sucrées quand mon portable afficha le nom de la journaliste de *Libération* qui suivait le secteur des médias.

— Allô ? C'est Isabelle Roberts. J'ai l'impression à entendre votre sonnerie que vous n'êtes pas en France, me lança la moitié du binôme Garriberts qu'elle formait déjà avec Raphaël Garrigos.

— On ne peut rien vous cacher ! lui répondis-je en riant. Qu'est-ce que je peux faire pour vous ?

— Vous étiez au courant, au ministère, de l'annonce de Sarkozy sur la suppression de la pub à France Télé ?

Surpris mais feignant de ne pas l'être, j'essayai de gagner du temps, lui expliquant que c'était un vieux serpent de mer, qu'il y avait en effet toute une réflexion en cours sur la différenciation de la télévision publique face aux chaînes commerciales, etc. Bref, je lui promis de la rappeler puisque, me trouvant en vacances, je n'étais pas le mieux placé pour lui répondre. À peine avais-je raccroché que j'appelais Christophe Tardieu, le directeur-adjoint de cabinet.

— C'est quoi cette histoire ?

— On était en train de regarder la conférence de presse du Président à la télé quand on a découvert ça, me dit-il. La ministre est encore à l'Élysée mais personne n'était au courant. Je te rappelle.

La ministre, en effet, avait été totalement tenue à l'écart de cette annonce qui concernait pourtant son champ de compétences. Le Président avait pris cette décision seul, écoutant quelques visiteurs du soir, et n'en avait parlé à personne en dehors de son cercle très restreint, de manière à garantir l'effet de surprise lors de sa conférence de presse. La politique en matière d'industries culturelles ne se décidait pas rue de Valois. Je commençais à le comprendre.

Je rentrai le lendemain à Paris, par un vol de nuit comme prévu, mais à peine étais-je arrivé au petit matin chez moi que je dus repartir pour une première réunion technique à l'Élysée. C'était le secrétaire général-adjoint, François Pérol, qui prenait le dossier en main. Comme tous ceux liés aux médias, ils étaient pilotés par l'Élysée. Qu'il s'agisse de créer un grand pôle audiovisuel extérieur (une idée poussée par Georges-Marc Benamou, le conseiller du Président au début de son quinquennat), de supprimer la publicité sur le service public (un «coup» inspiré, celui-ci, par Alain Minc) ou encore de lancer les états généraux de la presse (une réforme des aides à cette corporation, secteur hautement subventionné par l'État), opération confiée à la directrice de cabinet du Président, Emmanuelle Mignon, tout se passait à l'Élysée. Je fus intronisé correspondant de la rue de Valois, l'une des petites mains de ces chantiers autant industriels que politiques. Cela me permit de tisser des liens avec un univers et un milieu qui n'étaient pas les miens, peuplés d'énarques issus des grands corps, habitués des allers-retours du public vers le privé et du privé vers le public, aux convictions libérales assumées et, pour le dire simplement, de droite.

Après deux années épuisantes à porter projets de loi, défense du budget, transformation interne du ministère, Christine Albanel, malgré son action résolue pour défendre les différentes chapelles de la culture, ne put sauver sa place lors du remaniement ministériel de juin 2009. Elle était en sursis depuis plus d'un an et, tous autour d'elle, nous avions fini par croire que son activisme lui vaudrait d'être épargnée.

Il n'en fut rien. Le lien était rompu avec Nicolas Sarkozy. Or l'entente, la confiance, la proximité intellectuelle avec le chef de l'État sont essentielles pour tout ministre de la Culture dans cette chasse gardée du Président. Si le ministre de la Culture doit être la voix et le verbe de la création artistique, son protecteur n'en reste pas moins le monarque républicain. Le couple François Mitterrand-Jack Lang a été le dernier à incarner ce lien entre la vision et l'édification d'une politique culturelle ayant pour ambition de transformer la société en même temps que d'imprimer sa marque sur une époque et au-delà, dans l'Histoire.

Nicolas Sarkozy et Carla Bruni, sa nouvelle épouse, avaient fait le déplacement à la Villa Médicis au cœur de l'hiver 2009. Ils y avaient été reçus par Frédéric Mitterrand, nommé l'année précédente. La relation entre le neveu de l'ancien président de la République et son lointain successeur s'était faite plus intime après que l'ex-top model italienne était entrée à l'Élysée. Producteur, réalisateur, animateur, écrivain, Frédéric Mitterrand occupait depuis une trentaine d'années une place singulière parmi les saltimbanques. Ses émissions à la télévision publique avaient marqué des générations entières. J'en faisais partie. « Frédo », comme il se faisait appeler dans le milieu, était une figure familière pour le public français. Sa diction et son timbre de voix facilement imitables et fréquemment parodiés avaient contribué à sa popularité. Je me souvenais de ses émissions sur les destins tragiques des Romanov ou des actrices hollywoodiennes des années 1950. J'avais aimé sa *Madame Butterfly* au cinéma et découvert ses talents d'écrivain lors de la publication de *La Mauvaise Vie* en 2005. Le style avait du souffle, les portraits étaient fins, les récits personnels tristes. Je ne savais pas que Frédo était homosexuel – je n'ai jamais été très doué pour deviner les inclinaisons amoureuses des uns ou des autres – et ce beau livre en clair-obscur m'avait révélé la misère sexuelle que dépeignait l'ex-présentateur vedette des années 1980. J'avais fait sa connaissance en février, au hasard d'une rencontre dans un restaurant du VIIe arrondissement où il dînait avec notre ami commun Jean-Pierre Biron. Six mois plus tard, alors que les rumeurs d'un remaniement ministériel se faisaient plus pressantes, le cabinet de Christine Albanel avait organisé un repas non loin du ministère, galerie Vivienne. J'étais arrivé directement d'un rendez-vous à l'extérieur quand je rejoignis le petit groupe de conseillers entourant notre directeur de cabinet. À lire leurs visages défaits, j'avais vite compris que la situation venait d'échapper à la ministre.

— On a eu des messages de Rome. Frédéric Mitterrand a invité toute la Villa Médicis pour son pot de départ ce soir, m'annonça Jean-François Hébert.

Le dîner se perdit en souvenirs de ces deux dernières années de labeur, d'arbitrages perdus et de batailles parlementaires victorieuses. Chacun partit ensuite rapidement. Je retournai à mon bureau que j'avais laissé grand ouvert après une journée loin de ma soupente. Il fallait que je termine une note. Soudain, je me rendis compte de l'inanité de ma démarche : tout était fini. Je me mis à pleurer comme un écolier qui apprend qu'il va perdre ses camarades et sa maîtresse de classe en changeant d'école. Je ne savais même pas si l'école reprendrait le jour d'après.

Le lendemain, les cartons livrés par les Archives nationales envahissaient les couloirs jusqu'au plafond. J'ai gardé la photo prise avec mon smartphone de première génération de cette journée consacrée à classer et transmettre à ce service interministériel sous tutelle de la Culture l'ensemble de mes contributions écrites pendant deux ans. Deux années de travail qui ne nous appartenaient plus et qui seraient stockées à Pierrefitte-sur-Seine, le nouveau siège des Archives nationales, au cas où des thésards en histoire se penchent dans vingt ou trente ans sur la politique culturelle menée par la première ministre de la Culture du quinquennat de Nicolas Sarkozy. À l'heure du déjeuner, je mangeais un sandwich dans mon bureau en regardant le journal télévisé de France 2 quand je découvris, éberlué, Frédéric Mitterrand commentant depuis Rome, assis à l'avant de sa voiture de fonction, sa nomination non encore officielle. J'avais appelé sur-le-champ mon ami Jean-Pierre, dont le futur ministre était un proche depuis une trentaine d'années. Jean-Pierre ne parvenait pas à y croire.

— Tu plaisantes ? Comment tu sais ça ? Merci, j'appelle tout de suite Frédéric. Il déconne, il déconne grave.

C'était certainement une première sous la Ve République que d'entendre un ministre exprimer son honneur et sa fierté de servir son pays pour une fonction qui ne lui avait pas encore été attribuée !

Heureusement, l'annonce du secrétaire général sur le perron de l'Élysée vint en fin d'après-midi confirmer ce que l'imprudent avait commenté quelques heures plus tôt, et qui plus est depuis l'étranger. Mitterrand avait fait très fort comme entrée en matière. La suite de l'histoire allait être à la hauteur de ce prologue improvisé.

La cérémonie de passation des pouvoirs qui se tint le jour d'après ressemblait à une ouverture du Festival de Cannes, le tapis rouge en moins. Les photographes étaient nombreux à jouer des coudes pour capter ce moment de fébrilité et d'émotion entre la sortante et le nouvel entrant. Loin du formalisme attendu d'un événement qui l'est tout autant, Albanel et Mitterrand avaient su trouver les mots justes pour à la fois encourager le petit nouveau dans sa nouvelle tâche et saluer le travail accompli par la désormais ex-ministre. Au cours de leur tête-à-tête, Christine Albanel avait dressé un état des lieux du ministère après deux années de réformes menées au pas de charge, et recommandé à son successeur quelques talents sur lesquels s'appuyer au sein de l'équipe sortante. Avec quatre autres camarades, j'en faisais partie.

Lors de mon premier entretien avec le nouveau ministre qui m'annonça vouloir me garder dans son équipe et me promouvoir comme numéro deux du cabinet, je l'interrogeai de façon franche et directe sur certains passages de son livre, *La Mauvaise Vie*, choquants et qui m'avaient choqué.

En fin de journée, nous nous retrouvâmes autour de Christine Albanel dont le discours en forme de remerciements nous avait successivement fait rire et pleurer. Je m'étais attaché à cette femme aussi réservée en public que leste en paroles dans la sphère privée. Les nuits passées sur les bancs de l'Assemblée nationale et du Sénat pour faire passer la grande réforme de l'audiovisuel voulue par le président de la République avaient été autant d'occasions de souder nos estimes réciproques. Une page se tournait avec l'ancienne plume de Jacques Chirac, une autre s'ouvrait avec le neveu de François Mitterrand.

J'ai passé près d'une année aux côtés de celui qui sera par la suite présenté comme mon protecteur, avec tous les sous-entendus qu'on accole à ce mot dès qu'il s'agit d'une relation entre un homme de pouvoir et un collaborateur plus jeune que lui.

Frédéric Mitterrand n'était pas un politique, et les premiers mois de son ministère rue de Valois le prouvèrent dans la douleur. Douleur pour le ministre qui découvrait que ses marges de manœuvre étaient limitées, quand il fit le constat à l'été 2009 que le budget 2010 était à 90 % déjà engagé ; douleur pour sa famille, aux premiers rangs de laquelle sa mère et ses jeunes fils, qui éprouvèrent la violence des attaques politiques ; douleur pour l'équipe du ministère qui devait protéger le ministre contre lui-même et savoir naviguer entre des intuitions souvent formidables et des faux pas qui auraient pu lui être fatals.

J'aime le revoir aujourd'hui, des années plus tard, quand il vient dîner à la maison avec quelques amis. Il enchante nos soirées par ses anecdotes savoureuses, ses bons mots souvent vachards et ses références cinématographiques du *golden age* hollywoodien. Son look est toujours aussi *vintage* qu'il l'était les week-ends de travail rue de Valois, habillé d'un chandail passé sous une veste de tweed à carreaux, la tête couverte d'une casquette de gavroche qui lui donne davantage des airs de grand-père – qu'il est – que de révolutionnaire. Quand Antoine – « votre adorââble petit ami » – était de passage à Paris, il aimait se mettre aux fourneaux. Frédéric appréciait sa cuisine, une soupe à l'ail et chorizo, une lotte à l'américaine et un risotto aux asperges qui était devenu son plat signature comme l'écrivent les guides gastronomiques *post-fooding*.

Frédéric Mitterrand avait une réelle affection pour moi, je le savais. Une affection constante qui le conduisit à me défendre au plus fort de la crise sociale à Radio France. Une affection connue de tous depuis la parution du récit de ses années ministérielles dans *La Récréation*. Une affection qui fut utilisée plus ou moins directement contre moi quand ma carrière prit son envol avec ma nomination à la tête de l'INA en

2010. Le chouchou, le favori, le protégé, « Tancrède » pour ses lecteurs.

Notre relation de confiance au ministère s'était construite elle aussi dans la douleur, comme avec de nombreux protagonistes de cette histoire. J'avais donc été choisi comme directeur-adjoint du cabinet, en charge des dossiers communication et médias. L'autre directeur-adjoint était lui aussi un ex-collaborateur de Christine Albanel, Olivier Henrard, un conseiller d'État corse, rigoureux, fin d'esprit mais d'abord rugueux voire rigide. Sans être rivaux et parce que nous nous appréciions, la configuration du cabinet devait mécaniquement générer des tensions entre lui et moi. Tensions dues à un ministre dont les premiers pas en politique s'étaient montrés pétaradants, et au fait que notre supérieur hiérarchique n'était pas prêt à endosser le rôle de directeur de cabinet.

La crise était partie de Zurich, fin septembre 2009. C'était un dimanche après-midi. Roman Polanski venait d'être arrêté par la police helvète à sa descente d'avion, alors qu'il arrivait dans la capitale économique de la Suisse pour se voir remettre un prix au festival du film couronnant l'ensemble de son œuvre. Les autorités suisses avaient ainsi répondu favorablement aux juges américains qui poursuivaient le réalisateur de *Chinatown* et de *Rosemary's baby* dans une affaire de viol sur mineure remontant à la fin des années 1970. Frédéric Mitterrand avait été appelé par la femme de Polanski, l'actrice Emmanuelle Seigner, qui, horrifiée par la situation dans laquelle se trouvait son mari, lui demandait de l'aide. En fin d'après-midi, le ministre, installé depuis à peine trois mois rue de Valois, organisa une conférence de presse dans laquelle il apportait un soutien sans réserve au réalisateur et critiquait « une certaine Amérique qui fait peur, et c'est cette Amérique-là qui vient de nous présenter son visage ».

Même sans rien connaître au fonctionnement d'un ministère, on peut comprendre que le ministre venait de faire une sortie de route. D'abord en raison du principe de base qui veut qu'un ministre, en dehors de son homologue en charge des Affaires étrangères, ne commente pas publiquement l'action d'un gouvernement étranger, et encore moins quand il s'agit du pouvoir judiciaire indépendant du pouvoir exécutif. Ensuite parce qu'il avait réagi en n'écoutant que son admiration et son affection personnelle pour l'artiste, sans mesurer ce qu'engageait la parole publique d'un décideur public. Enfin, et c'est ce qui fut le plus préjudiciable à la suite de cette affaire, il prenait la défense d'un homme accusé, condamné et poursuivi pour un viol sur mineure. C'est cet élément qui allait conduire à faire le lien avec les propres écrits de Frédéric Mitterrand à l'époque où il n'était pas encore ministre.

Le 5 octobre 2009, quelques jours après l'arrestation de Roman Polanski, Marine Le Pen était invitée à débattre sur le plateau de l'émission de deuxième partie de soirée de France 2, *Mots croisés*. Elle attaqua Mitterrand, et à travers lui la présidence Sarkozy, en ressortant des extraits de *La Mauvaise Vie*, notamment les passages les plus crus auxquels j'avais fait référence lors de mon premier entretien avec lui. En rapprochant le cas du violeur de mineure Polanski et celui de son défenseur Mitterrand qui confessait, dans ce récit très personnel, avoir fréquenté des bordels thaïlandais et philippins, la fille de Jean-Marie Le Pen attaquait en direct et bille en tête celui qu'elle avait identifié comme un maillon faible du dispositif gouvernemental. Les réseaux sociaux n'étaient encore que balbutiants à cette époque, pourtant pas si lointaine, et l'on imagine comment aujourd'hui une telle saillie cathodique se répandrait comme une traînée de poudre. En 2009, le répit dura un jour et deux nuits. Je reçus dans la soirée un SMS de mon ami Emmanuel qui avait assisté à la séquence pendant laquelle Marine Le Pen lisait un passage aux images brutales du livre en question : «Le Pen tape sur ton boss. Faut dire que ce qu'elle a lu, c'est très cru», disait-il. Le surlendemain matin, le ministre, interrogé à la sortie du conseil des ministres sur cette polémique naissante, répondit par le mépris :

— Se faire traîner dans la boue par le Front national est un honneur», avait-il lâché crânement.

Mais la polémique prit une tout autre ampleur quand, en fin de matinée, le parti socialiste, par la voix de son porte-parole Benoît Hamon, s'indigna lui aussi des écrits intimes du ministre. En l'espace de trois jours, l'affaire Polanski s'était transformée en affaire Mitterrand. Et la gauche avait décidé de taper, et fort, sur celui dont le patronyme était indissociable du pouvoir socialiste. Montebourg, Valls, Huchon, tous demandaient au président de la République et à son Premier ministre de débarquer le ministre de la Culture. Le jeudi soir, Frédéric Mitterrand alla s'expliquer au journal de 20 heures de TF1. La situation était devenue intenable et la rue de Valois était privée d'oxygène. Toute l'action du ministre était rendue inaudible et sa première audition à l'Assemblée nationale le mercredi 7 octobre fut éclipsée par la polémique.

Si j'ai compris les rouages administratifs et politiques auprès de Christine Albanel, j'ai appris aux côtés de Frédéric Mitterrand la gestion de crise, la communication de crise, la psychologie de crise. Quand une tempête publique et personnelle menace de tout emporter sur son passage et que la violence des attaques venues de toutes parts touche à l'honneur et à la vérité des hommes. Les écrits de Frédéric Mitterrand étaient cruels pour lui-même, pleins de malheur, de souffrance et de faiblesse humaine. Il y racontait comment il traînait sa tristesse dans les rues des mégalopoles du Sud-Est asiatique, happé par la facilité dans laquelle tombent les hommes qui ne s'aiment pas parce qu'ils en aiment d'autres, souvent plus jeunes et plus désirables, mais qui là-bas sont, du fait de leur misère, à portée de bras et de portefeuille. Je ne suis pas certain que *La Mauvaise Vie* pourrait être publiée aujourd'hui, quinze ans après. Mais je suis sûr en revanche que personne ne pourrait être nommé ministre de la République après avoir fait pareilles confessions.

Frédéric Mitterrand échappa finalement à une démission forcée après avoir passé la semaine dans une machine à laver en mode essorage à 1 500 tours par minute. Mais la dynamique était cassée. La crise qu'il venait de traverser n'avait pas soudé le cabinet, bien au contraire. Les dysfonctionnements avec l'administration se répétaient. Le ministre avait décidé de reprendre la main et entendait marquer son autorité en faisant tomber des têtes. Après un week-end de flottement, c'est finalement Olivier Henrard qui servit de fusible. Olivier avait pris un *shoot* car le ministre n'avait pas osé avouer, six mois à peine après son arrivée, s'être trompé dans le choix de son principal collaborateur, son directeur de cabinet. Il m'appela à 8 heures le lundi matin pour m'annoncer sa décision. Je lui appris que j'étais déjà dans mon bureau, et lui proposai de nous voir. À peine avais-je raccroché que les portes à double-battant s'ouvraient. Le ministre portait un costume strict bleu marine à rayures tennis grises. Il avait l'air sévère de celui qui tient à montrer son autorité sur les autres comme sur lui-même.

— J'ai appelé Guéant pour le prévenir, m'informa-t-il. Il n'a rien eu à redire.

— Avez-vous prévenu Jean-Marc Sauvé ? C'est très rare, vous savez, de renvoyer un membre du Conseil d'État de façon aussi rapide.

— Non, vous avez raison, je vais l'appeler. Merci d'avoir eu le bon réflexe. Maintenant vous serez seul comme directeur-adjoint. Vous savez que je compte sur vous.

L'appel avec le vice-président du Conseil d'État dura moins de vingt secondes. Le ministre ne s'était pas fait un nouvel allié. Car s'il était devenu plus prudent, il n'en restait pas moins affectif. Ce qui se vérifia encore quand l'idée me vint de lui proposer ma candidature pour la présidence de l'INA.

Frédéric Mitterrand ne voulait pas que le collaborateur en qui il avait confiance et pour lequel il avait de l'affection, peut-être trop, le quitte moins d'un an après qu'il l'eut engagé. Mais je voyais dans l'INA l'occasion de me lancer un défi professionnel et personnel : conquérir le jeune public avec de vieilles images. Je venais de passer quatre années en cabinets ministériels, entre Bercy et la rue de Valois. Quatre années d'une grande densité intellectuelle, quatre années qui développent l'agilité dans l'exécution et le bon sens dans l'action, quatre années où la vie personnelle se retrouve soumise aux aléas de la vie politique et administrative. N'étant pas fonctionnaire, il me fallait aussi imaginer une suite à ma carrière, avant les élections de 2012. L'INA m'en offrait l'opportunité.

Une fois convaincu que son jeune directeur-adjoint de cabinet – je venais d'avoir 33 ans – était bien l'homme de la situation – « Un jeune pour s'occuper des archives, ça aura de la gueule », avait-il fini par déclarer –, il dut mener bataille pour ma nomination auprès du président de la République. Elle fut sportive. Le ministre et moi en avions conscience dès le départ. Après presque trois mois de péripéties et de rebondissements, je fus nommé président de l'Institut national de l'audiovisuel le 26 mai 2010.

Je savais ce que je devais au ministre, je savais aussi ce qu'on en dirait : fait du prince, nomination de faveur, accès de faiblesse pour son jeune collaborateur. Les procès en illégitimité furent d'ailleurs rapidement montés. Ils venaient d'élus de gauche pour qui la main sarkozyste qui avait signé le décret de nomination était forcément suspecte de privatisation rampante; ils venaient de l'énarchie qui s'était étouffée de jalousie en voyant un poste enviable lui échapper au profit d'un petit marquis de cabinet ne devant sa promotion qu'au caprice d'un ministre éperdu.

Frédéric Mitterrand aura accompagné et accéléré mon ascension professionnelle et je lui serai toujours reconnaissant de sa confiance. Il aura compté jusqu'au bout parmi mes soutiens inconditionnels. Sa nature affective et ses confessions littéraires n'auront pas toujours facilité ma tâche par la suite. C'est le revers de l'affection, le prix de l'amitié.

Il me fallut attendre bien des années pour obtenir la considération que je cherchais d'un milieu qui n'était pas le mien à l'origine. J'aspirais à ce qu'on voie en moi un visionnaire, un stratège, un leader, afin de tenter de faire oublier mon profil de jeune premier.

Comme si la réussite professionnelle à laquelle je pouvais prétendre n'était due qu'à la séduction que pouvait exercer mon physique sur les autres – les hommes d'un certain âge en particulier. Comme si le « transfuge de classe » ne devait son chemin ascendant qu'à la promotion dite canapé. Comme si l'on me refusait d'avoir une tête parce que j'avais une gueule. L'âge avançant, l'expérience s'accumulant, les réalisations concrètes se matérialisant, je pensais y arriver, la quarantaine venue. C'est finalement ma chute qui me vaudra cette reconnaissance qu'on accorde aux combattants à titre posthume.

Une histoire de famille

En février 2015, Antoine et moi étions allés voir *Retour à Reims* à la Maison des métallos dans le XIe arrondissement. L'essai autobiographique du sociologue Didier Eribon venait d'être adapté au théâtre. À la mort de son père, un homme rentre chez lui, à Reims, une ville qu'il a quittée lorsqu'il avait 20 ans pour vivre librement son homosexualité, suivre des études de sociologie et fuir ce milieu ouvrier intolérant dans lequel il ne se reconnaît pas. Le fils analyse froidement et brillamment devant sa mère les mécanismes à l'œuvre dans le déterminisme social, mais c'est la colère, la culpabilité et la tendresse qui transparaissent entre les lignes de la pièce. Antoine avait pleuré pendant le spectacle tant la situation et les mots des deux formidables comédiens résonnaient avec sa propre histoire. J'avais lu le texte d'Eribon[1] en 2011, et cette adaptation forte et réussie

1. *Retour à Reims*, Didier Eribon, coll. Champs essais, Flammarion, 2010.

d'un écrit sociologique sur un « transfuge de classe » m'avait aussi bouleversé.

Quelques mois plus tard, le décor était tout autre au Festival international d'art lyrique d'Aix-en-Provence où nous nous rendions en ce premier week-end de juillet 2015. L'ouverture du festival coïncide avec les Rencontres économiques d'Aix, une sorte de « Davos-en-Provence » où se retrouvent vieux économistes et grands patrons pour disserter sur l'état du monde et proposer des solutions destinées à le rendre meilleur. Les diverses tables rondes et autres débats se tenaient dans les locaux de l'Institut d'études politiques, situé en plein cœur de la ville, et à la faculté de droit et d'économie qui est installée au-delà des boulevards périphériques. C'était toujours une bataille pour obtenir des places dans ces amphis bondés où péroraient d'illustres intervenants, faute de quoi vous étiez renvoyé dans des salles de cours attenantes où chacun dégoulinait de transpiration par 35 degrés, sans air conditionné ni ventilation. Le soir venu, tout ce petit monde se retrouvait pour des cocktails dînatoires dans tel ou tel hôtel particulier avant de gagner, la nuit tombée, la cour de l'Archevêché où sont donnés les opéras en plein air.

J'arrivai sur place tout auréolé de mon statut de nouveau partenaire média du festival après que Radio France eut évincé Radio Classique de cette position enviable. J'étais aussi très sollicité par ces puissants patrons qui m'interpellaient pour louer la résilience dont j'avais fait preuve au cours des semaines de tension que j'avais traversées au printemps. Par analogie, eux-mêmes s'imaginaient certainement dans pareille situation de crise, quand les fronts ouverts sont multiples : au sein de l'entreprise, avec l'actionnaire, avec un organe de presse qui feuilletonne sur votre compte. J'étais flatté par ces compliments et touché par tant de sollicitudes que je croyais sincères. Car ils n'attendaient rien de moi. Leurs directeurs de la communication savaient parfaitement que les dirigeants des médias publics n'ont pas d'influence sur les rédactions dont ils ont la responsabilité. L'indépendance économique de Radio France et de France Télévisions rend inopérante toute tentative de pression éditoriale via les investissements publicitaires. Ce qui est très précieux dans une démocratie comme la nôtre. Leur démarche était pour ainsi dire gratuite, ce que j'appréciais.

En les observant tous, je dessinais à grands traits et jusqu'à la caricature, dans mon esprit, les parcours de vie de ces têtes bien faites que je fréquentais depuis mon passage à Bercy : lycée Janson-de-Sailly ou Louis-le-Grand, prépa dans les mêmes murs ou à « Ginette » à Versailles, École polytechnique, corps des Mines ou des Ponts, Saint-Gobain, Total, Michelin, à l'étranger puis de retour en France comme membre du comex, dauphin désigné puis DG ; marié à 24 ans, triplement papa à 30 avec l'objectif de perpétuer la tradition en mettant au monde de nouveaux petits polytechniciens ! Je me demandais parfois quelle place avait bien pu être laissée à l'audace et au libre arbitre dans ces carrières linéaires construites dans le sillage de leurs parents – le plus souvent leurs pères, selon un schéma familial qui laissait les mères au foyer.

La France est l'un des pays de l'OCDE où l'école reproduit le plus d'inégalités sociales, pis, elle les aggrave. On y consacre « un pognon de dingue », selon une formule devenue célèbre, pour qu'à la fin ce soient les plus favorisés qui bénéficient d'un système financé par tous. Le cas de l'X était à mes yeux plus choquant encore que celui de l'ENA dont il était déjà de bon ton, parmi les populistes de tous bords, et bien avant sa suppression en 2022, de dénigrer l'entre-soi. La France était devenue une « héritocratie », pour reprendre le titre d'un ouvrage de sociologie[1] venu conforter mes convictions. Mais l'on veut encore croire que le mérite – au sens où les meilleurs arrivent toujours à s'élever à la force du poignet – détermine la mobilité sociale et qu'il suffit de traverser la rue pour trouver un emploi. La France vit toujours dans le mythe d'une « République des boursiers » et de ses exemples resservis à l'envi, comme celui de Georges Pompidou, petit-fils de paysan, fils d'instituteur devenu normalien et président de la République. Ces « exceptions consolantes », selon l'expression de Ferdinand Buisson, continuent de nous faire détourner le regard de ce prétendu

1. *Héritocratie. Les Élites, les grandes écoles et les mésaventures du mérite (1870-2020)*, Paul Pasquali, La Découverte, 2021.

« escalier social » que ne prennent pas les classes populaires et trop rarement les classes moyennes. Il suffit pourtant de lire le livre de Marc Bloch *L'Étrange Défaite*, pour vérifier que ses critiques de l'École polytechnique et de l'École libre des sciences politiques restent d'actualité bien qu'il les aient formulées en 1940[1]. Nos grandes écoles sont des clubs qui attribuent des charges nobiliaires dont on hérite par le sang comme sous l'Ancien régime, et qui se transmettent par le verbe selon des codes culturels favorisés par une République qui a perdu le sens de sa devise.

Je n'ai pas été formé dans le moule de ces grands serviteurs de l'État ou de ces capitaines d'industrie que je croisais au Festival d'Aix (les premiers pouvant aussi devenir les seconds). Je n'en étais pas moins fier de mon parcours, n'y faisant pourtant jamais référence pour ne pas avoir à endosser l'habit du *role model* d'un jeune rural méritant. Je n'ai jamais su dire si c'était par pudeur ou par complexe. Un peu des deux probablement.

Mon grand-père paternel, je l'ai déjà dit, était un paysan italien arrivé en France au début des années 1930 avec deux de ses frères. C'était l'époque où les « ritals » composaient une part essentielle de la main d'œuvre recherchée pour le travail des champs. Venant de Vénétie, ils s'étaient fixés dans la vallée de la Garonne, riche de ses terres maraîchères, de ses

1. *L'Étrange Défaite*, Marc Bloch, Folio Gallimard, 1990.

vergers et de sa polyculture céréalière. Pietro y avait rencontré Louisette, de quatre années sa cadette. Elle était aussi une fille de paysans installés depuis plusieurs générations dans la proche campagne d'Agen. Ils s'étaient mariés à 20 ans pour lui, 16 ans pour elle, et un premier garçon était né de cette union juste avant que la guerre ne fût déclarée. Mon père était le benjamin, né en 1946, et issu de cette génération qu'on n'appelait pas encore les *baby-boomers*.

Ma famille avait connu un parcours socialement ascendant dans ce monde paysan encore dominant dans le Sud-Ouest agricole. Pietro était passé de commis à métayer, fermier puis régisseur et enfin propriétaire exploitant. Il avait acquis dès la fin des années 1950 une belle propriété de 40 hectares dont la maison de maître carrée au toit à huit pans couverts d'ardoise, typique du Second Empire, offrait l'une des plus belles vues sur la commune de Monflanquin, au pied de cette bastide médiévale, ancienne place forte anglaise au XIIe siècle. *Cap de Port* était un lieu-dit évoquant davantage la mer que la campagne, mais il allait devenir dès lors le port d'attache de toute la famille Gallet. L'intégration de ces nouveaux venus dans une bourgade de deux mille âmes passa par les lieux de sociabilité incontournables de cette époque : l'école, l'église et le terrain de rugby. Il fallut y ajouter l'engagement de mon oncle, fils aîné de la famille, sous les drapeaux pendant les « événements d'Algérie » pour ne pas prêter le flanc aux remarques racistes qui visaient les immigrés italiens et leurs enfants. On leur reprochait d'être « planqués » pendant que d'autres, les « Français » de souche, risquaient leur vie dans cette guerre d'indépendance qui allait marquer dans le sang la fin d'un empire colonial vieux de deux cents ans. Mon père, le dernier de cette fratrie, connut le sort choyé des petits derniers. C'était un paysan dans l'âme qui ne pensait son avenir qu'en fonction de son propre père. Quand, au milieu des années 1970, un cancer à l'estomac lui fut diagnostiqué, ce dernier décida de préparer sa succession et de répartir l'héritage entre ses trois fils. N'ayant jamais quitté la propriété familiale où il travaillait avec lui, mon père se voyait en repreneur désigné. Tel ne fut pas le choix de mon grand-père, qui se porta sur son fils cadet. Celui-ci vivait déjà ailleurs avec femme et enfants, travaillant sa propre terre qu'il quitta pour reprendre *Cap de Port*. La surprise fut totale pour mon père et ma mère, encore jeunes mariés, qui occupaient une partie de la demeure où la cohabitation n'était pas des plus aisées avec mes grands-parents. Un choc de génération et de culture.

Ma famille maternelle était elle aussi originaire de cette même région distante d'une quinzaine de kilomètres. Charpentier de père en fils, le père de ma mère avait connu lui aussi une ascension sociale typique des Trente Glorieuses. Profitant de la hausse de revenus des Français et de leur aspiration à la propriété privée, il s'était lancé avec quelques associés, artisans comme lui, dans la construction de pavillons individuels. Ces marqueurs des années 1970 et 1980 allaient pousser comme de la mauvaise herbe autour des centres-villes des préfectures et des sous-préfectures, dans des lotissements sans charme mais promettant à chacun, ou presque, de disposer du confort intérieur moderne et d'un extérieur propice aux barbecues et aux piscines gonflables.

Jean avait épousé au début des années 1950 Geneviève, orpheline d'un charpentier mort sur le front pendant « la drôle de guerre », en novembre 1939. À 20 ans, celle qu'on appellerait toute sa vie Ginette mettait au monde ma mère. Bien qu'issues d'un milieu relativement modeste, les filles de la famille Frankoual reçurent une éducation très différente de celle de la famille Gallet. D'un côté des artisans devenus entrepreneurs, élevés comme « à la ville » – Villeneuve-sur-Lot, une sous-préfecture de vingt-cinq mille habitants – et ayant reçu une éducation progressiste, athée et laïque ; de l'autre des agriculteurs certes enrichis mais à l'esprit profondément paysan, vivant dans une ruralité encore dominée par la religion catholique. Ces deux mondes si proches en termes de distance mais si différents dans leurs valeurs ne pouvaient se rencontrer que par le biais d'un lieu qui transcende la société de ces terres de Guyenne et de Gascogne : le terrain de rugby.

Mes parents se rencontrèrent donc grâce à lui. Jean avait fondé un club dans son village natal, Saint-Aubin, quatre cents habitants, en 1968. Le jeune Robert Gallet avait fait partie des premières recrues. Il était puissant et rapide, pas le plus adroit mais suffisamment vaillant pour contourner les défenseurs qui le dépassaient en volume, pas en valeur. Danièle, ma mère, de six ans plus jeune que lui, avait très tôt remarqué ce beau brun à la peau cuivrée et au physique athlétique sculpté par le travail des champs. Ses conquêtes féminines successives venaient applaudir ses exploits les dimanches après-midi. Elles étaient suffisamment diverses et variées pour que Danièle garde l'espoir qu'aucune ne lui soit attachée en particulier. En 1974, la fille du président du club de rugby de Saint-Aubin devint Mme Gallet. Mon grand-père ne s'était pas montré enthousiaste quand Danièle lui avait avoué qu'elle fréquentait son jeune joueur. Un réflexe de parvenu lui avait laissé espérer que son aînée ferait un « bon mariage », ce qui voulait dire, à cette époque et en ce lieu, épouser un médecin ou un notaire. Un bon joueur ne fait pas pour autant d'un paysan le gendre attendu ou souhaité. Les temps n'étant plus aux mariages arrangés, il avait dû se ranger au désir de sa fille.

Danièle et Robert avaient emménagé à *Cap de Port*, partageant la vaste demeure familiale avec les parents Gallet. Rapidement, les habitudes de petite bourgeoise de ma mère créèrent des tensions avec sa belle-famille. Les grasses matinées, les petits déjeuners au lit, le jeune chiot cocker dormant dans la chambre n'étaient pas dans les pratiques de Pietro qui ne manqua pas de le faire remarquer à sa bru. « Les chiens, c'est fait pour accompagner le bétail, et ça dort dans la grange, pas dans une chambre à coucher», lui avait-il asséné sans y mettre les formes.

Pour mon père, que son frère cadet se soit vu désigné comme successeur fut autant une blessure qu'une délivrance. Une blessure qui donnait à comprendre que le fils préféré ne l'était pas, pour des raisons aussi logiques qu'inavouées, cachées dans les secrets d'une jeunesse plus voluptueuse qu'un mariage trop précoce ne le laissait croire. Une délivrance compte tenu de modes de vie trop dissemblables pour permettre à deux générations et deux cultures de vivre sereinement sous un même toit.

Mon père, avec l'argent dont il hérita de ses parents, acquit une nouvelle propriété, située à mi-chemin entre son village, celui de ses parents et désormais de son frère, et la sous-préfecture de Villeneuve-sur-Lot. Une trentaine d'hectares de champs en pente douce, des bois et trois maisons anciennes, voire en ruines. Pendant plus d'une année, le temps que l'une des trois maisons qui allait devenir leur résidence pour les quarante-cinq années suivantes fût restaurée, mes parents vécurent dans une caravane installée sous la grange, face à la maison en travaux. Sur les photos figurant dans l'album que ma grand-mère m'a confectionné pour mes 30 ans, je suis en train d'être baigné dans ce qui est toujours l'évier de la cuisine de mes parents. Un bébé joufflu, plein de cheveux sombres qui regarde l'objectif en souriant avec ce strabisme convergent qui m'échappe encore les soirs de fatigue.

Installé dans ces salles de cours étouffantes, au cœur d'Aix-en-Provence, je déroulais le film de mes origines, ni modestes ni opulentes, que je trouvais bien trop singulières au milieu de celles des élites de notre pays. Un parcours qui avait conduit le petit-fils de charpentier et d'agriculteur du Lot-et-Garonne jusqu'à la table des patrons du CAC 40. Mais combien étions-nous parmi eux à avoir fait un tel voyage dans l'espace social ?

Dans la soirée, nous marchâmes, avec Antoine qui m'accompagnait et les autres invités, formant une procession partie de l'hôtel de Caumont, jusqu'au théâtre de l'Archevêché où se donnait *L'Enlèvement au sérail* de Mozart. La production ne me laissa pas une forte impression en elle-même, mais le cadre dans lequel elle se déroulait m'émouvait toujours. J'aimais sentir le souffle du mistral sur mes épaules, de plus en plus frais au fur et à mesure que la nuit tombait. La pierre, le bois, un arbre comme poussant dans le mur côté jardin de la scène, la salle était un décor à elle seule. J'aimais ces soirées musicales en compagnie d'Antoine. Nos sensibilités communes pour la musique, notre goût pour les belles voix, notre intérêt pour le jeu de scène nous rapprochaient chaque fois un peu plus pendant ces soirées d'opéra. Nous étions là pour trois soirs, trois occasions de nous sentir simplement bien ensemble, complices et aimants.

Le dimanche soir, le spectacle se tenait au Grand théâtre de Provence, une salle couverte sans âme, ni belle ni laide, construite au milieu des années 2000 quand le *Ring* de Wagner avait été programmé, une première à Aix. La metteuse en scène britannique Katie Mitchell avait monté *Alcina*, un opéra de Haendel que j'appréciais particulièrement depuis que je l'avais entendu pour la première fois au Palais Garnier, à l'époque où je commençais ma carrière chez Erato Disques.

À l'entracte, nous étions en train de prendre un verre sur la terrasse quand un message de Laurence Bloch, la directrice de France Inter, vint changer le cours de notre soirée.

— On rentre à Paris, dis-je à Antoine après l'avoir écouté.

— Quand ? me demanda-t-il.

— Ce soir. Laurence vient de me dire que le Premier ministre s'invitait à la matinale demain.

— Mais comment veux-tu faire, il est 21 heures, il n'y a plus de train ni d'avion pour être rentré à temps.

— On n'a pas d'autre choix que de remonter en voiture, décidai-je.

Je n'avais pas l'habitude d'accueillir les ministres lors de leurs passages à la radio, sauf le Premier d'entre eux et celui en charge de la Culture. Mes rapports avec Manuel Valls étaient pour ainsi dire inexistants depuis le début de l'année, quand il m'avait reçu à Matignon pour que je lui présente le plan stratégique qui n'avait pas été soutenu par la suite. La grève avait laissé des traces. J'avais la certitude que l'ancien maire d'Évry avait voulu ma tête au cours du mois d'avril.

Je confirmai à Laurence que je serais bien sur place à l'heure pour recevoir le chef du gouvernement. Je me souvenais que Poivre d'Arvor avait fait savoir dans tout Paris que je ne m'étais pas déplacé pour accueillir Valls lors de son passage à France Culture, au mois de mai précédent, parce que j'avais préféré rester au Festival de Cannes.

Nous quittâmes le Grand théâtre pour remonter les rues sinueuses de la ville et regagner notre hôtel. J'avais calculé qu'il me fallait sept heures pour rentrer à Paris, passer me doucher et me changer avant d'aller faire l'accueil avenue du Président-Kennedy. Sur le chemin de Paris, la radio me tenait éveillé.

Soudain, du côté de Beaune, alors que nous n'étions plus qu'à 250 kilomètres de la capitale, les sons émis par un couple en plein ébat rompirent la monotonie de l'autoroute A6. Les paroles crues, les bruits sourds puis explicites qui avaient jailli au milieu de la nuit nous rappelaient bien que les radios étaient libres depuis 1981 !

Je repensai alors à la comptabilisation tatillonne que le CSA nous réclamait chaque trimestre pour les temps d'antenne de la droite, de la gauche, du gouvernement et des oppositions ; au nombre d'expertes et de maîtresses de conférence qu'il faut inviter dans les émissions ; aux titres des chansons françaises à diffuser aux heures de grande écoute.

À l'opposé de cette rigidité administrative, une radio locale peut s'autoriser, elle, à diffuser au beau milieu de la nuit une partie fine à destination des auditeurs routiers. Je tenais donc – enfin ! – la bonne recette pour faire se redresser les audiences de France Musique !

Le lendemain matin, vers 6 h 30, la petite Audi blanche de location que je pilotais descendait le boulevard Saint-Michel. J'eus le temps de passer me changer chez moi, quai du Louvre. Puis je pris la direction de la Maison de la radio, frais, rasé et impeccable dans mon costume ajusté pour recevoir, peu avant 8 heures, mon hôte de marque.

Vacances à l'italienne

Pour notre premier séjour estival avec Antoine, nous avions choisi l'Italie : Rome, l'Ombrie et la Toscane.

À Rome, je tenais à lui faire visiter la Villa Médicis. Une fin d'après-midi, nous nous rendîmes donc piazza della Trinità dei Monti, là où se situe l'entrée de l'Académie de France. Nous fûmes accueillis par Claudia Ferrazzi, la secrétaire générale. Elle-même italienne, du Nord, de Bergame je crois, elle avait fait ses études en France, à l'ENA notamment où elle avait rencontré son futur mari qui n'était autre que le directeur de cabinet de la ministre de la Culture : *piccolo mondo* ! Malgré les relations difficiles que j'avais eues avec sa ministre, Fabrice Bakhouche avait toujours joué franc-jeu avec moi (dans la mesure de ce que le jeu politique autorise). Notre bonne entente avait aidé à apaiser les positions des deux parties au plus fort de la crise du printemps. Claudia avait suivi toutes ces péripéties depuis Rome où elle était installée avec leurs deux enfants.

Le couple n'avait pas dû se voir beaucoup, me disais-je en l'écoutant nous raconter leurs derniers mois de vie de famille.

J'étais venu pour la première fois à Rome quinze ans auparavant et j'avais résidé alors à la Villa Médicis, invité par un ami claveciniste qui s'y produisait. Je racontai à Antoine que j'avais mis trois jours à sortir des enceintes du palais pour aller découvrir la ville. La Villa m'avait envoûté, fasciné par sa beauté austère et majestueuse à la fois. « C'est un endroit qui me rend neurasthénique. C'est le syndrome de Stendhal qui m'a frappé la première fois ici. Trop beau, trop hors du temps, hors du monde, trop tout », lui confiai-je.

« La Villa, c'est en même temps un lieu de pouvoir sans pouvoir mais qui rend fou comme le pouvoir », continuai-je. Je lui raconte alors un épisode que j'avais suivi lorsque j'étais au ministère de la Culture en 2008. « La polémique avait débuté quand le conseiller pour la culture de Nicolas Sarkozy, Georges-Marc Benamou, un ancien journaliste et documentariste plein de talents, sauf celui de la politique, avait imaginé quitter le « Château » pour s'installer à la Villa. Il en avait été empêché par une campagne de presse montée de toutes pièces par le directeur de l'AFAA, l'Association française d'action artistique, l'ancêtre de l'Institut français si tu veux. Lequel, bien évidemment, guignait le poste pour lui-même. L'affaire avait à moitié marché : le conseiller élyséen était bien sorti mais sans entrer à la Villa. Quant à

Olivier Poivre d'Arvor – il s'agissait déjà de lui –, celui-ci avait réussi son coup en ralliant à sa cause dans une tribune du *Nouvel Obs* toute la gauche culturelle qui s'offusquait du fait du prince. OPDA n'eut finalement pas le poste qui échut à… Frédéric Mitterrand après auditions par une commission *ad hoc* que le président de la République avait installée pour faire taire la bronca. »

Je prenais un réel plaisir à raconter ces petites manœuvres du petit milieu culturel alors que nous arrivions devant la gypsothèque. C'était l'une des fiertés de Frédéric Mitterrand d'avoir restauré et ouvert cette réserve remplie de moulages et de plâtres de statues antiques. Il n'est resté ici que neuf mois mais il était très attaché à tout ce qu'il a pu réaliser pendant son bref mandat. Je crois en réalité qu'il a été assez vite atteint par ce syndrome de la Villa Médicis, tellement belle, tellement trop belle mais aussi tellement minuscule sur la carte de la diplomatie culturelle qu'on s'y sent vite frustré et gagné par l'ennui.

« Je n'ai jamais trop compris pourquoi ils se battaient autant, les courtisans de la culture, pour venir s'enfermer ici, dis-je à Antoine. C'est un lieu qui rend fou ceux qui n'y sont pas et dépressifs ceux qui y vivent. Je ne parle pas des pensionnaires mais des directeurs et de leur suite. Au moins, du temps de Guibert, il y avait un peu d'ambiance, c'était *sex, drug and disco* ! »

Antoine n'avait pas encore lu Hervé Guibert, que je lui fis découvrir plus tard. Dans *L'Incognito*, qui n'est certes pas son meilleur roman, il raconte son séjour de pensionnaire à l'Académie de France à Rome, dans les années 1980. La Villa Médicis y apparaît poussiéreuse, en proie aux batailles picrocholines de ses administrateurs, sous le regard envieux et tatillon de sa tutelle. Les choses avaient changé depuis, les mauvais garçons s'y faisaient plus rares. Ou plus discrets.

À la fin du mois d'août, venait le temps de présenter les grilles de rentrée dans les médias. Nouvelles têtes, nouvelles voix, nouvelles émissions. Après la tempête du printemps, il nous fallait reprendre le cours presque normal de la vie d'une radio. Le médiateur désigné par l'État avait à peine quitté les lieux mais l'air ambiant avait changé. Je venais d'annoncer le changement de direction à France Culture. Comme pour France Inter dix-huit mois auparavant, j'avais choisi de nommer la directrice-adjointe à la tête de la radio de la connaissance et des savoirs. Sandrine Treiner avait été d'une parfaite loyauté pendant la grève – ce qui la singularisait au sein de sa hiérarchie –, et les compétences dont elle avait fait preuve à la direction des programmes plaidaient pour un changement dans la continuité.

«Elle est solide, Sandrine», avais-je confié à Antoine lors de notre séjour à Avignon en juillet alors que les voix se faisaient nombreuses pour plaider auprès de moi ce qu'elles appelaient le TST, le «Tout Sauf Treiner». J'avais hésité à effectuer un recrutement à l'extérieur de Radio France et mon cœur penchait alors pour la directrice de *Télérama*,

Fabienne Pascaud. Mais c'était prendre un risque car si Fabienne était une voix de la radio (ancienne productrice à France Culture et critique féroce au *Masque et la Plume*), cela ne faisait pas d'elle pour autant une femme de radio. D'ailleurs, Frédéric Schlesinger, le directeur des antennes et des programmes du groupe, et Maïa Wirgin avaient intelligemment plaidé la cause de celle que je m'apprêtais à promouvoir.

Je racontais à Antoine, le soir au téléphone, mes atermoiements avant de prendre une décision finale. Malgré son jeune âge et son inexpérience professionnelle, il savait me mettre en confiance, suffisamment pour que je lui confie mes doutes, mes hésitations, mes questionnements. Tout ce que je ne laissais pas paraître – et qui donnait de moi l'image d'un jeune loup froid et calculateur. Nos échanges et ses avis comptaient dans ma réflexion. Il avait un regard différent sur les sujets sur lesquels je l'interrogeais, étant étranger au milieu qui était le mien. Mais quand on partage la vie amoureuse d'un homme de pouvoir, et j'en étais devenu un, on acquiert naturellement une influence qu'aucun collaborateur ne pourrait avoir dans le seul cadre professionnel. Antoine était un auditeur fidèle de France Culture, ce qui lui permettait d'avoir un avis extérieur et parfaitement subjectif sur cette radio ô combien influente dans les milieux parisiens.

Les événements qui marquaient le retour aux affaires se conclurent à la fin du mois de septembre, dans un autre lieu d'influence, l'Opéra de Paris. La saison avait déjà commencé, mais le gala qui se tenait le 20 septembre était l'événement mondain de cette rentrée. Le programme de danse au Palais Garnier, dont le clou du spectacle était le défilé de l'ensemble du ballet, de l'école de danse aux étoiles, sur la musique des *Troyens* de Berlioz, était suivi d'un dîner – on dit d'ailleurs un souper quand l'heure en est tardive – dans les foyers débordant de stucs, moulures et dorures. Pour les plus aventureux (le plus souvent les plus jeunes) des commensaux, la soirée se terminait dans l'imposante rotonde située sous le grand escalier : *DJ set*, champagne de qualité, robes longues et smokings. Plus la soirée avançait et plus l'ambiance se réchauffait. Antoine était dans son élément parmi les danseurs du corps de ballet, ces jeunes corps musculeux et déliés que les smokings défaits avaient fini par révéler. Vers 4 heures du matin, nous décidâmes de rentrer à pied jusqu'au quai du Louvre. Nous étions en train de devenir un couple social, au sens où Paris apprenait à connaître Antoine à mon bras autant que moi au sien.

Les quatre mousquetaires de franceinfo

L'automne 2015 fut endeuillé, comme on sait, par les attentats du stade de France, des terrasses de l'Est parisien et du Bataclan. Ce terrible 13 novembre, Radio France accueillait un concert pour le prix SACEM de la musique de film. Le concert venait à peine de se terminer dans l'auditorium que la nouvelle d'un attentat dans les bars du XIe arrondissement commençait à se répandre parmi les invités du cocktail.

L'équipe en charge de l'accueil et de la sécurité de la Maison de la radio fut immédiatement prévenue, les portes principales fermées et il fut demandé aux invités de quitter rapidement les lieux mais dans le calme.

Quelques semaines auparavant, dans le cadre de son audit de sécurité, Radio France avait réalisé un exercice de simulation d'une prise d'otages pendant un concert au Studio 104. La réalité venait de nous rattraper et, hélas, de dépasser la simulation dans l'horreur. Les médias vivaient, depuis l'attaque perpétrée contre la rédaction de *Charlie Hebdo*, sous protection de l'armée et de la police nationale. L'ensemble des procédures de sécurité avait été relevé, bien que la grande façade de verre qui entoure la « Maison ronde » la rende particulièrement vulnérable aux tirs d'armes de guerre.

Nous allions découvrir avec effroi au fil d'une nuit interminable que la France était de nouveau la cible des fanatiques islamistes. Après un symbole de la liberté d'expression, c'était notre mode de vie, celui de la jeunesse qui partage son insouciance autour d'un verre de vin ou va écouter un groupe de rock dans une salle de concert, qui était visé. Je rentrai dormir chez moi à 4 heures du matin après avoir assisté à l'incroyable mobilisation des rédactions de Radio France pour couvrir la pire attaque que notre pays eût connu en temps de paix.

Le samedi 14 novembre, Paris était désert, chacun était resté hébété ou apeuré chez soi. Paris n'était plus une fête. En 2015, la capitale était devenue un champ de bataille.

Quelques jours après le Nouvel An, que j'avais passé à Bordeaux, Antoine et moi prîmes le chemin de l'Espagne pour fêter mon anniversaire.

Cependant, il nous fallut rapidement changer nos plans : la ministre de la Culture venait de décider *in extremis* de convoquer une réunion consacrée au projet de chaîne d'information en continu franceinfo que nous avions lancé quatre mois plus tôt entre Radio France et France Télévisions. « Elle va en plus réussir à pourrir mon anniversaire ! » avais-je pesté en apprenant la nouvelle par le cabinet de Fleur Pellerin.

« Elle cherche à exister dans un dossier qui lui échappe et sur lequel son influence est nulle. Qu'on nous laisse bosser à la fin avec France Télé ! Si on attendait le ministère pour faire avancer des dossiers, ça se saurait ! Ce sont vraiment des bureaucrates qui cherchent à justifier leurs postes. »

J'avais toujours la dent dure contre celle avec qui je n'avais pas fumé le calumet de la paix.

Comme je le pressentais, la réunion au ministère de la Culture n'avait pas été très utile, mais au moins l'équipe de l'audiovisuel public était apparue soudée. Elle l'était au demeurant. Cela tenait beaucoup à l'entente scellée entre nous, les dirigeants de Radio France, de France Télévisions, de France Médias Monde et de l'INA auxquels s'était ajoutée la présidente d'Arte. Trois femmes, deux hommes. J'avais toujours bien travaillé avec les femmes, qu'elles soient mes supérieures, mes collaboratrices ou mes collègues. La mésentente avec les ministres Filippetti puis Pellerin était une exception dans un parcours professionnel où les femmes avaient été très présentes.

Je tiens à m'arrêter un instant sur ces figures du paysage audiovisuel français – le PAF –, car leurs personnalités ne sont pas étrangères à certaines réalisations que j'ai conduites pour Radio France.

Tout d'abord, Véronique Cayla, la présidente d'Arte, que je connaissais depuis vingt ans déjà, à l'époque où je m'occupais des relations institutionnelles de

Canal+, et elle d'une mission sur la place de la musique à la télévision, que lui avait confiée le ministre de la Culture Jean-Jacques Aillagon en 2003. Véronique est une grande professionnelle, unanimement respectée et souvent crainte. Plutôt sèche et rugueuse dans son expression, elle savait être fidèle quand on avait partagé des batailles communes. Je siégeais au conseil de surveillance d'Arte France depuis 2010 et j'appréciais la façon dont elle avait repris d'une main de fer la chaîne franco-allemande dont elle ferait une plateforme numérique à succès. Véronique cherchait surtout à ne pas trop se rapprocher de France Télévisions, par peur de voir sa PME multilingue avalée par le mastodonte de l'audiovisuel public. Elle s'éloigna vite du projet de chaîne d'information en continu.

Ensuite Laurent Vallet, qui avait succédé en juin 2015 à Agnès Saal, soufflée par la tornade de ses notes de taxi à l'INA. La tâche n'était pas aisée pour ramener la sérénité et la confiance dans un institut qui avait été doublement bousculé : d'une part par le management brutal et clanique de l'équipe débarquée au bout de dix mois seulement, de l'autre par les scandales à répétition qui avaient fait les choux gras de la presse pendant de longues semaines. Le scandale des notes de taxi avait eu des conséquences inattendues sur le climat social à l'INA : la CGT avait perdu les élections professionnelles après avoir régné sans discontinuité pendant plus de trente ans sur les instances représentatives du personnel.

Les élu(e)s de la confédération de Montreuil avaient été les victimes collatérales des dépenses déraisonnables auprès de la G7. Agnès Saal avait fait de la cogestion avec ce syndicat son acte fondateur de management. Au point que la CGT du ministère de la Culture avait publié un tract de soutien à la dirigeante contrainte de démissionner, en appelant à ne pas crier avec les loups (forcément capitalistes) quand *Le Figaro* avait révélé ses dépenses, en avril 2015. Ce soutien à contre-emploi avait été utilisé à dessein par sa grande rivale, la CFDT, pour faire campagne contre un syndicat qui défendait une dirigeante accusée de détournement de fonds publics. Et cela avait marché. J'avais suivi à distance, et avec une certaine gourmandise, je dois l'avouer, les succès des cédétistes à Bry-sur-Marne, allant jusqu'à leur présenter mes sincères félicitations. Laurent arrivait en terrain miné, au milieu des tranchées, dans un établissement déboussolé. Il ne tarda pas à voir tout l'intérêt que le projet franceinfo TV pourrait avoir pour le dynamiser. Il entra dans le jeu avec le volontarisme et l'enthousiasme qu'on lui connaissait tous.

De son côté, Marie-Christine Saragosse dirigeait France Médias Monde, c'est-à-dire RFI, Monte Carlo Doualiya et France 24, la structure que nous avions créée en 2009 sous l'impulsion de Nicolas Sarkozy. Je dis «nous» car cette nouvelle entreprise m'avait pris des heures et des heures de négociation au cours des trois années que j'ai passées au ministère de la Culture. C'était l'un des dossiers les plus épineux que j'eus à gérer, tant il mettait en jeu de parties prenantes aux intérêts opposés, confrontait des égos, mélangeait politique et vie privée.

Tout était parti de la volonté de Georges-Marc Benamou, encore lui, le conseiller de Nicolas Sarkozy pendant la première année de son mandat, de revoir l'organisation de « la voix de la France ». À peine installé dans son bureau de la rue de l'Élysée, il avait mis sur la table ce projet pour le régler en mode commando. Les premiers mois de la nouvelle présidence de la République avaient été étourdissants. Et grisants pour certains. Georges-Marc faisait partie de ceux-là. Il convoquait des réunions toutes les semaines, parlait aux ministres comme à des collègues tout en se comportant comme leur supérieur hiérarchique. « Tout se décide à l'Élysée ! » C'était le leitmotiv des lendemains de l'élection de 2007. Ce qui n'était pas faux à l'époque et reste probablement vrai aujourd'hui. L'audiovisuel extérieur était son os à ronger. Les ministres concernés, Bernard Kouchner au Quai d'Orsay et Christine Albanel rue de Valois, avaient dû s'impliquer au-delà du nécessaire sous l'impulsion du fougueux conseiller élyséen. Le directeur de cabinet de Bernard Kouchner, le diplomate Philippe Étienne, aujourd'hui ambassadeur à Washington, se rendait lui-même aux réunions alors que bien d'autres urgences dans le monde devaient requérir ses arbitrages. Pour gagner le soutien de Kouchner alors que sa position au gouvernement était fragile, Christine Albanel avait eu l'idée de suggérer le nom de

Christine Ockrent, la propre épouse du ministre des Affaires étrangères, pour la direction générale du nouvel ensemble.

Je me remémore la scène qui se déroula dans le superbe bureau du ministre, en rez-de-jardin du 37, quai d'Orsay.

— Il nous faut renforcer l'équipe éditoriale autour d'Alain de Pouzilhac à France 24, recommanda Bernard.

— Oui, car lui, c'est quand même un publicitaire avant tout, répondit Christine en faisant référence à la présidence de Havas dont Pouzilhac avait été délogé par le raid de Vincent Bolloré, en 2005. Il faut apporter une légitimité journalistique à cette direction, avec un spectre international incontestable, une figure emblématique qui rassure. Et si ce pouvait être une femme, ce serait un plus.

— Tu as raison, ce serait formidable. Mais ce n'est pas facile à trouver, répondit Kouchner, faussement interrogatif.

— J'ai une idée, tu sais, mais tu vas certainement la trouver farfelue, intervint Albanel. C'est Christine, Christine Ockrent.

— Ah bien sûr ! Je n'y avais pas pensé, et pour moi, c'est un peu délicat. Mais si ça vient de toi…

L'affaire était dans le sac ! Dans la voiture qui nous ramenait rue de Valois, je complimentai la ministre qui n'avait pourtant pas fait l'Actors Studio. Le plan avait parfaitement fonctionné dans ce dialogue de faux dupes.

La suite de l'aventure du tandem Pouzilhac-Ockrent vira au cauchemar pour tout le monde : l'entreprise, les deux protagonistes et les ministères de tutelle. Frédéric Mitterrand, une fois installé dans le bureau de Malraux, appuyé par Matignon, accéléra la procédure de divorce professionnel pour redonner de l'air à une entreprise où il était devenu irrespirable. La suite et les conséquences se jouèrent devant les tribunaux, au civil et au pénal. Le ministre avait choisi son camp, celui de la journaliste qu'il respectait infiniment, mais il fallait trancher et séparer les belligérants.

C'est ainsi que Marie-Christine Saragosse réussit à se frayer un chemin qui la conduira à remplacer finalement Alain de Pouzilhac, une fois la gauche revenue au pouvoir, en 2012. Elle avait été appelée par le duo Pouzilhac-Ockrent à l'heure où il devait encore s'entendre pour diriger TV5 Monde. La chaîne francophone avait été tenue à l'écart de la réforme de l'audiovisuel extérieur de la France après une levée de boucliers de ses partenaires, la Suisse, la Belgique, le Canada et le Québec. Les co-actionnaires de la chaîne multilatérale avaient mal réagi quand, à l'issue d'une réunion des hauts fonctionnaires puis des ministres des états financeurs à Lucerne en Suisse fin 2007, des fuites dans la presse avaient révélé le projet de l'Élysée de faire absorber TV5 Monde par une nouvelle entité franco-française. La crise diplomatique fut évitée de justesse, mais les maladresses du conseiller tout feu, tout flamme du président de la

République laissèrent des traces que son départ ne suffit pas à effacer.

Marie-Christine, qui connaissait déjà bien la chaîne francophone pour en avoir été numéro deux plusieurs années auparavant, allait apaiser la situation avec la chaleur et la faconde toutes méditerranéennes qu'on lui connaissait. Une fois arrivée à la tête de l'audiovisuel extérieur de la France, en 2012, elle fit de même tout en conduisant un plan d'économies drastique. Elle tenait à ne pas rester à l'écart du nouveau projet franceinfo TV et obtint, en plus de la reprise d'antenne de France 24 sur le canal TNT à partir de minuit, de fournir magazines et sujets au cours de la journée.

L'équipe de la chaîne d'info en continu ne serait pas complète sans la capitaine de France Télévisions, Delphine Ernotte.

Au retour des vacances d'été 2015, je devais trouver le moyen de tourner définitivement la page de la grande grève du printemps, à défaut d'en faire oublier les effets – le plan de réduction des effectifs avait été étendu sur trois années mais restait toujours à mettre en œuvre. Je trouvai dans la nouvelle présidente de France Télévisions une alliée de circonstance qui devint au fil des mois une partenaire fiable et efficace.

Delphine Ernotte avait été élue par le Conseil supérieur de l'audiovisuel au printemps 2015 dans des conditions difficiles que d'aucuns allaient chercher à contester, en particulier parmi les candidats éconduits. Première femme élue à la tête du vaisseau amiral de l'audiovisuel public (près de 3 milliards d'euros de budget et dix mille collaborateurs à l'époque), elle n'était pas une figure du PAF. Ingénieure de l'École centrale, elle avait effectué l'essentiel de sa carrière chez France Télécom et occupait le poste stratégique de directrice générale d'Orange France, la plus importante entité de l'ancien opérateur public.

J'avais fait sa connaissance l'hiver précédent. Denis Pingaud qui m'accompagnait depuis 2011 à l'INA avant de poursuivre sa mission de conseil à Radio France nous avait présentés. Delphine Ernotte réfléchissait alors à se porter candidate à France Télévisions. Son nom circulait déjà dans les rédactions. Elle avait approché un Denis Pingaud auréolé du succès de son poulain Gallet dans la conquête de Radio France. Les journalistes avaient braqué leurs projecteurs sur ce conseiller discret et efficace dont le parcours professionnel reconnu dans la communication m'avait été précieux depuis toutes ces années, de ma prise de poste à l'INA jusqu'à la gestion de la crise récente à Radio France. Le petit milieu médiatique se plaisait aussi à raconter que Pingaud avait écrit le projet de Schlesinger (l'ancien directeur de France Inter et futur patron des antennes et des programmes de Radio France), dont Gallet n'était que l'interprète. Le stratège, le professionnel et le jeune premier, voilà comment étaient distribués les rôles par ceux qui n'avaient toujours pas pu expliquer mon prétendu hold-up sur Radio France. À la bourse des conseillers de l'ombre, l'action Pingaud avait vu sa cote monter en flèche depuis ce casse.

Delphine Ernotte voulait se donner toutes les chances pour conquérir un poste réputé impossible et pourtant toujours envié. Je lui avais prodigué quelques conseils de forme et avais partagé avec elle mes convictions sur les différences (et les défaillances selon moi) de la télé publique vis-à-vis du service de la radio. J'avais notamment insisté auprès d'elle pour mettre en avant dans son futur projet pour France Télévisions l'absence de chaîne d'information en continu au sein du service public. « La France est une anomalie dans le paysage européen. Il faut y remédier », lui avais-je conseillé.

En cette fin août 2015, Delphine était installée depuis à peine une semaine quand elle me convia à déjeuner à France Télévisions. Je sortais éreinté (dans tous les sens du mot) du conflit social du printemps ; elle entamait son mandat flanquée de mauvaises polémiques sur les conditions de son élection. Notre bonne entente fut immédiate mais les circonstances allaient nous conduire plus loin : nous avions besoin l'un de l'autre pour dépasser les controverses qui nous affectaient l'un et l'autre. Et la création de cette chaîne d'information en continu nous en offrait une belle occasion. Décision fut prise d'annoncer l'après-midi même, par communiqué de presse commun, la mise en œuvre de ce projet auquel personne ne s'attendait. Ni parmi les équipes de la radio et de la télévision publiques, ni au sein de l'appareil d'État. L'annonce fit l'effet d'une bombe car le tempo du projet en était déjà fixé : au 1er septembre 2016, la nouvelle chaîne de télévision du service public devait émettre.

Rentré à Radio France, j'avais appelé ceux qui allaient être les protagonistes de cette aventure : Laurent Guimier, le directeur de franceinfo, cheville ouvrière de la création de la nouvelle entité, la secrétaire générale de Radio France, Maïa Wirgin qui aurait la charge de créer les conditions financières et juridiques du projet, et Monique Denoix, une ancienne consultante d'Image 7 et à qui incombait la tâche d'expliquer le projet dans les heures, jours et mois à venir. Du côté de France Télévisions, l'équipe était aussi complète que complémentaire : Germain Dagognet, un ancien rédacteur en chef des JT de TF1, intime de Claire Chazal, venu de LCI, et Stéphane Sitbon-Gomez, le directeur de cabinet de la présidente, ancien militant et conseiller ministériel des Verts, un proche de Denis Pingaud. Lequel apparaissait en cette rentrée 2015 comme un faiseur de roi (et de reine) incontestable.

La création promise de franceinfo TV en moins d'une année fut tenue. J'avais convaincu Delphine de reprendre la marque franceinfo déjà bien installée dans l'imaginaire des Français en matière d'information en continu. Une marque forte, c'était un atout pour une chaîne que personne n'attendait. Pendant l'hiver, je me mis à douter de notre capacité à être au rendez-vous au fur et à mesure que des difficultés apparurent (et que l'État voulut s'impliquer dans le projet, comme je l'ai raconté), mais la volonté inébranlable de Delphine Ernotte emporta mes doutes. Notre entente ne fut pas pour rien dans la maîtrise des délais, au moins autant que celle de nos équipes. Malgré les tensions, car il y en a toujours dans pareille entreprise qui vient bousculer les habitudes et secouer les égos, le 1er septembre 2016, la chaîne émettait.

Cinq ans plus tard, le 1er septembre 2021, j'ai eu un pincement au cœur en regardant la photo des quatre mousquetaires de l'audiovisuel public fêtant cet anniversaire. Tous les visages des premiers jours de franceinfo canal 27 étaient là, sauf un. La chaîne d'information en continu du service public a commencé un beau voyage depuis qu'autour d'une table à déjeuner, à la fin d'un été, Delphine Ernotte et moi avions lancé cette aventure pour nos entreprises.

Le chemin reste pourtant encore long avant de voir franceinfo jouer le rôle qu'elle devrait avoir dans le paysage médiatique français, celui d'un leader de l'information en continu. Si la radio s'est bien installée à la troisième place des audiences nationales, si l'offre numérique est elle aussi classée en tête des sites d'information français, la chaîne de télévision pâtit cinq ans après son lancement d'un défaut de moyens et d'ambition pour concurrencer BFMTV et CNews. Le projet semble resté à l'état de prototype. Il souffre d'un manque de souffle et de leadership. Le média global du service public devrait pourtant bénéficier de la puissance de ses actionnaires et d'une vision claire, alors que l'on s'inquiète dans les discours politiques de l'influence grandissante des médias d'opinion et des *fake news*. Qu'attend donc le service public pour achever la construction d'un média d'information en continu national et international autonome intégrant radio, télé et digital autour d'une même rédaction ? C'est le sens de l'Histoire. Nous avions œuvré en 2015-2016 pour le bien commun, mettant de côté nos préjugés, nos histoires particulières. Les grands projets ne peuvent pas tenir sur la bonne entente de ses managers. Où est donc passée cette volonté qui transcende les personnes pour le service de l'information de nos concitoyens ?

Les médias publics sont un sujet politique, au sens où ils sont au fondement d'une démocratie moderne. On ne peut pas les laisser aux seules mains de hauts fonctionnaires ministériels au risque sinon de les voir tomber un jour dans celles de populistes illibéraux.

New York, New York

L'Orchestre national de France, l'un des deux orchestres de Radio France, effectuait fin janvier 2016 sa première tournée en Amérique du Nord depuis des années. Une semaine de concerts de Boston jusqu'à Washington. Le financement de la tournée avait dû reposer sur du mécénat, et je m'étais impliqué personnellement dans ce *fundraising*. J'avais convaincu Christine Lagarde, alors directrice générale du FMI, de patronner la tournée pour m'aider à lever des fonds. J'avais beaucoup hésité à confirmer cet *american tour* compte tenu du déficit qu'il générerait. Mais neuf mois après la grève qui avait vu les formations musicales monter en première ligne pour défendre leur maintien au sein de Radio France, toute annulation serait venue remettre du sel sur des plaies à peine cicatrisées.

Antoine me rejoignit à New York pour assister aux deux derniers concerts de la tournée. C'était son premier séjour aux États-Unis. Bien qu'il n'ait jamais été fasciné ni par la culture américaine ni par ses villes ni par son style de vie, j'avais réussi à le convaincre de faire le voyage outre-Atlantique. Antoine est un garçon de la nature, de la montagne, des grands espaces plus que des grandes villes fatigantes avec leurs bruits incessants de sirènes, de klaxons, de machines de chantier. Tout ce qu'est New York.

The city that doesn't sleep, the city where you cant' sleep !

Le premier concert avait lieu au mythique Carnegie Hall. La salle était impressionnante par son volume, son acoustique. Le son ne se perdait jamais. Et bien qu'on ne puisse dire qu'elle soit intime avec ses 2 800 places, on ne s'y sentait jamais loin de l'orchestre. Le maestro Daniele Gatti avait fait rugir cuivres, percussions et vents en même temps que briller les cordes du National dans une *Cinquième* de Tchaïkovski de toute beauté. Le public était enchanté et les musiciens fiers de cette reconnaissance internationale quelques mois après avoir fait les choux gras de la presse au sujet de leur temps de travail effectif.

Le lendemain, avant de partir pour Washington où avait lieu le dernier concert de la tournée, nous passâmes la matinée au Metropolitan Museum et le samedi après-midi, nous assistâmes à une représentation de *Turandot* de Puccini au Metropolitan Opera dans la mise en scène historique de Franco Zeffirelli.

J'avais réservé pour le soir une table que j'affectionnais particulièrement, dans le restaurant que je considérais être le plus newyorkais de New York : *The Four Seasons Restaurant*. Sans aucun lien avec la chaîne internationale d'hôtels du même nom, c'était un monument historique de la ville. Ouvert en 1959 et situé dans le Seagram Building, à l'angle de la 99e Rue et de la 52e Avenue, le restaurant du *ground floor* de la tour avait tout pour me plaire : le *design* par Mies van der Rohe et Philip Johnson, les œuvres de Mark Rothko aux murs, le rideau de scène de Pablo Picasso installé entre la *Grill Room* et la *Pool Room.* Le spectacle était autant dans la salle, configurée autour d'une piscine carrée en marbre blanc qu'animaient des jets d'eau bouillonnants, que dans l'assiette. Les spécialités de poissons et de crustacés de la côte Est y côtoyaient des plats robustes de viandes au grill et champignons frais. Nous étions placés en angle, non loin de la piscine et suffisamment en recul pour assister au spectacle. Nous imaginions les raisons qui avaient amené nos commensaux dans un lieu si *special :* là, un couple qui venait célébrer un anniversaire de mariage – l'on pouvait presque se ranger dans cette catégorie –, ici, des hommes d'affaires accompagnés de leurs épouses pour renforcer leur intimité avant de renouveler un *deal*, là encore, un jeune fiancé qui présentait sa *girlfriend* à des parents qui restaient à convaincre. Le service était à lui seul un ballet. Notre serveur avait vite compris à qui il avait affaire. Il me demanda, en français, si une raison particulière nous avait conduits dans ces murs – ou plutôt derrière ces immenses baies vitrées.

— Oui, nous fêtons ce soir le premier anniversaire de notre rencontre.

— Mais comme c'est *amazing* ! laissa échapper le *waiter* dans un mélange de français et d'anglais. Champagne !

— Et un dessert festif aussi s'il vous plaît, ajoutai-je.

— *Of course*, Monsieur.

Installé depuis cinquante ans aux États-Unis, il était originaire du Nord de la France. Sa démarche chaloupée et ses manières appuyées ne laissaient guère de doute quant à ses préférences.

« *He is a friend of Dorothy*, confiai-je à Antoine en lui expliquant cette référence qu'il n'avait pas. C'est comme ça que les homosexuels appelaient un autre homo dans les années 1960, lui expliquai-je. Dorothy, c'est Judy Garland dans *Le Magicien d'Oz*. Une figure *camp*, le genre de référence à la sous-culture homosexuelle avant même qu'on ne l'appelle gay. C'est un langage pour initiés à une époque où l'homosexualité avait quelque chose de caché et de tabou. Tu as vu comment ses yeux se sont animés quand je lui ai donné les raisons de notre visite ? C'était Dalida dans *Il venait d'avoir 18 ans*, le strabisme en moins ! *J'ai mis de l'ordre à mes cheveux, un peu plus de noir sur mes yeux, ça l'a fait rire...* »

J'aimais ces sous-textes, ces références d'un autre temps, ces *private joke* pour uranistes comme l'on ne dit plus aujourd'hui. Au fond, la banalisation de l'homosexualité me déplaisait un peu. Je n'étais pourtant pas de la génération qui avait 20 ans au moment des premiers combats pour la reconnaissance des droits des homosexuels. Ces luttes des années 1970 et 1980 qui ont tant compté pour l'acceptation de l'homosexualité dans nos sociétés occidentales, pour qu'elle ne soit plus considérée comme une maladie mentale et un fléau social. J'avais consacré un exposé en dernière année à Sciences Po Bordeaux aux conséquences juridiques et sociales du Pacs nouvellement adopté par la majorité de gauche, en 1999. Avec mon binôme, Émilie, qui deviendra plus tard une élue socialiste en Aquitaine, nous avions pris une mauvaise note de la part du professeur d'histoire qui supervisait notre travail. J'aimais l'idée d'être différent.

— On ne choisit pas d'être homosexuel, c'est faux. Si j'avais eu le choix, je serais certainement resté hétéro, avais-je avoué un jour à Antoine, faisant référence à mon unique amour féminin. C'est plus simple, socialement. On n'a pas non plus à faire son *coming out*. Mais finalement, le fait de n'être pas dans la norme me va bien.

Je ne m'étais rallié au mariage pour tous que tardivement, en associant mon nom à une tribune parue dans *Le Monde* en 2011 pour soutenir cette réforme à l'occasion de l'élection présidentielle. Je ne le faisais pas pour moi mais pour les autres. Pour ces hommes et ces femmes qui ont vécu toute leur vie caché(e)s, voire qui ont dû se marier pour faire taire les doutes et qui ont subi des discriminations dans leur vie professionnelle, qui ont parfois rompu avec des familles intolérantes et dû effacer de leur boîte à lettres le nom d'un conjoint le temps de l'enquête de la DDASS dans une procédure d'adoption comme père ou mère célibataire. J'en connaissais parmi mes amis. Il fallait que le droit répare une injustice. Le mariage gay n'enlevait rien aux hétéros, où était donc le problème ? J'avais cheminé dans mon raisonnement.

J'avais en revanche la dent dure et parfois l'expression vacharde quand je voyais certaines familles où deux papas étalaient sur Instagram leur bonheur de jeunes mariés, de jeunes parents, de famille Bonpoint pour papier glacé alors que l'un et l'autre étaient, chacun de son côté, sur Grinder en train de chercher un plan d'un soir... Pourquoi vouloir reproduire un schéma de famille bourgeoise hérité du XIXe siècle quand on a enfin la liberté de prouver son engagement – et de s'y tenir ! – en créant son propre modèle ? Je ne pouvais m'empêcher de m'interroger sur le nombre d'homosexuels parmi les grands créatifs. Des arts aux mathématiques en passant par la littérature, j'avais la faiblesse de penser qu'ils avaient si souvent compté dans l'histoire de l'intelligence et de la création parce qu'ils étaient différents et que leur rapport au monde l'était aussi. Et que cette différence leur avait permis d'être géniaux. Qu'en serait-il à l'ère de la normalité ?

Plus les verres de champagne descendaient et plus je lâchais mes piques contre ceux qui recherchaient une respectabilité de notable tout en continuant de mener une vie d'ancien jeune homme. Notre serveur s'immisçait régulièrement dans notre conversation pour partager ses souvenirs du New York des années 1970 puis 1980 : la libération sexuelle puis le Sida, le disco et les morts par dizaines de milliers. Il nous confia qu'il allait rentrer en France pour prendre sa retraite d'ici quelques mois. Il avait acquis un appartement à Cannes pour passer ses vieux jours dans un pays qu'il ne connaissait plus très bien, mais dont la Riviera bénéficiait toujours d'une aura de havre de paix pour les Américains.

À 22 h 30, nous comptions parmi les tout derniers clients. Quand l'immense barbe-à-papa accompagnée d'une bougie crépitante arriva, il entonna un *Happy Birthday* que nous reprîmes en chœur. Il y avait du relâchement en salle entre la clientèle et le service. La folle soirée se terminait en apothéose.

Pour *The Four Seasons Restaurant* en revanche, la fête était bientôt finie. À l'été 2016, le restaurant mythique ferma, le loyer exigé par le nouveau propriétaire du Seagram Building dépassant les limites économiques d'un établissement certes cher mais pas inaccessible. Le mobilier et les éléments de décor furent ensuite dispersés aux enchères. J'ai lu que le total de la vente avait atteint plus de 4 millions de dollars. Quant à notre serveur, il s'en était allé bronzer sur la Côte d'Azur pour ne pas avoir voulu *Mourir sur scène*.

La vie n'est pas un long fleuve tranquille

En février 2016, le président de la République, François Hollande, procéda à un remaniement du gouvernement après la nomination de Laurent Fabius à la présidence du Conseil constitutionnel. C'est peu dire que François Hollande a été magnanime et sans rancune vis-à-vis de l'ancien plus jeune Premier ministre que François Mitterrand avait « donné » à la France. Fabius l'avait toujours regardé de haut. « Monsieur petites phrases » ou « Fraise des bois », il avait eu des formules aussi misogynes que méprisantes envers lui et son ex-compagne Ségolène Royal, après avoir défié l'autorité du premier secrétaire du Parti Socialiste en faisant campagne pour le « non » au traité constitutionnel européen alors que les militants avaient choisi par consultation de soutenir le « oui ». Mais Hollande, une fois élu, lui avait confié la préparation du programme des cent premiers jours du quinquennat et l'avait nommé au Quai d'Orsay. À ce poste, Fabius avait présidé la COP 21 qui venait d'aboutir à l'accord de Paris sur le climat, en décembre 2015. Sa nomination au Conseil constitutionnel était apparue comme une évidence quand bien même le passif avec Hollande ne prêtait pas à le croire.

Pour remplacer Laurent Fabius au ministère des Affaires étrangères, c'est l'ancien Premier ministre Jean-Marc Ayrault qui revint par la (grande) fenêtre après avoir pris la (petite) porte au printemps 2014. J'en conclus que le vivier politique de gauche devait être bien réduit pour faire revenir l'ancien maire de Nantes dont le passage à Matignon avait symbolisé la période des couacs et le manque d'autorité sur une équipe gouvernementale qui tirait à hue et à dia. Quelques autres ministres perdirent leur poste au passage et la titulaire du portefeuille de la Culture en faisait partie.

Je savais depuis la rentrée 2015 que les jours de Fleur Pellerin rue de Valois étaient comptés. Le président de la commission des Affaires culturelles de l'Assemblée nationale, le député de Paris Patrick Bloche, m'avait confié, lors d'un déjeuner en septembre, son échange au début du mois d'août avec le Président qui voulait avoir un éclairage sur les protagonistes de la crise passée à Radio France. Hollande était un fidèle auditeur de France Inter et son attachement à la radio publique le fit monter en première ligne sur le dossier, au plus fort de la crise, sans le montrer. Comme je l'ai déjà précisé, c'est lui qui avait demandé l'enquête de l'Inspection générale des finances sur les travaux du fameux bureau en palissandre, lui encore qui avait choisi le médiateur nommé pour sortir de la grève, et demandé des sanctions exemplaires contre Agnès Saal dans l'affaire des taxis de l'INA – j'y reviendrai.

Patrick Bloche avait joué lui aussi son rôle dans la résolution de la crise en me convoquant pour une audition par la commission qu'il présidait à l'Assemblée nationale. Cet exercice oral retransmis en direct par La Chaîne parlementaire m'avait donné l'occasion de « fendre l'armure », comme il m'y avait invité alors même qu'une partie du problème à Radio France résidait dans l'attitude et le comportement que l'on me reprochait. Des portraits peu flatteurs parus dans la presse me décrivaient comme froid, hautain, distant, ne disant pas bonjour aux collaborateurs dans l'ascenseur. Cette image me collait à la peau et l'Assemblée m'avait offert l'opportunité de la corriger.

En cette rentrée 2015, Hollande avait manifesté devant Bloche – qui pouvait secrètement aspirer au poste – sa déception devant les ratés à répétition de sa ministre de la Culture. La visite à Jack et Monique Lang, les sorties au spectacle tous les soirs, les signes d'amour aux saltimbanques, tous les conseils pleins de second degré mais aussi de cynisme qu'il avait prodigués à Fleur Pellerin un an auparavant n'avaient pas suffi. Son sort était scellé, ne restait plus qu'à trouver l'occasion pour l'exfiltrer du dispositif. Le départ de Fabius la donnait au Président. La ministre fut remerciée alors qu'elle défendait une loi sur le patrimoine et la création au Sénat. Elle avait finalement aussi payé sa proximité avec le Premier ministre Manuel Valls. Dans cette dernière année du quinquennat, les tensions n'étaient pas retombées après le départ des frondeurs, Arnaud Montebourg et associés. De nouveaux fronts s'étaient ouverts, sur le flanc droit cette fois, avec le ministre de l'Économie Emmanuel Macron dont les ambitions étaient de moins en moins secrètes. Le Premier ministre avait rapidement senti le danger alors même qu'il avait œuvré à l'entrée au gouvernement de l'ancien secrétaire général-adjoint de l'Élysée, en août 2014. Valls pensait faire venir un allié pour contraindre Hollande, il avait fait monter un rival qui allait les neutraliser l'un et l'autre.

La nouvelle ministre, la troisième du quinquennat, était la conseillère pour la culture du Président, Audrey Azoulay. Nous nous connaissions de longue date, du temps où elle était fonctionnaire au ministère puis directrice du CNC. À ce titre, elle avait siégé au conseil d'administration de l'INA quand j'en étais le président. Au plus fort de la crise à Radio France, elle avait su se tenir à bonne distance entre la ministre et le PDG, si bien que notre relation n'en avait pas été affectée, au contraire. Le changement d'ambiance entre la rue de Valois et la « Maison ronde » était tout à fait notable. Le contrat d'objectifs et de moyens pluriannuels entre le groupe radiophonique et sa tutelle allait enfin pouvoir être signé. Les relations étaient suffisamment apaisées pour que je fasse même partie, en février 2016, de la délégation présidentielle qui accompagna François Hollande dans une grande tournée en Amérique du Sud, la plus longue depuis le périple célèbre du général de Gaulle en 1964.

Fleur Pellerin partie, les actions engagées contre moi en justice n'en restaient pas moins en cours. Il me faut revenir un instant en arrière, au printemps 2015, au plus fort de la crise à Radio France.

Alors que la grève venait de se terminer, fin avril, j'étais parti me reposer en Sicile, à l'invitation de Jean-François Dubos qui se rendait pour quelques jours chez un ami, le décorateur Jacques Garcia, lequel restaurait un monastère à Noto.

J'avais alors passé quatre jours à manger et dormir, épuisé par quatre semaines de crises au pluriel. Le dimanche soir, alors que nous repartions le lendemain midi à Paris, *Le Figaro* publiait sur son site un article qui allait faire l'effet d'une bombe dans le Landernau culturel. L'article d'Enguérand Renault révélait qu'un corbeau avait adressé dans la semaine aux membres du conseil d'administration de l'INA une note détaillée sur les dépenses de taxi de ma successeure, Agnès Saal. Accompagnée d'une photocopie de l'ensemble des relevés depuis dix mois qu'elle en assurait la présidence, l'épaisse enveloppe avait pour but de mettre la haute fonctionnaire devant ses contradictions. En effet, celle qui avait quelques mois plutôt vanté son mode de vie et sa gestion «jansénistes» était soupçonnée de pratiques opposées à ses dires. La note implacable de précision faisait apparaître que la dirigeante, qui disposait d'une voiture de fonction avec chauffeur, avait dépensé près de 41 000 euros en frais de taxi auprès de la G7. Plus grave encore, comme je l'ai dit, le corbeau apportait la preuve que le compte

Club Affaires était utilisé parfois aux mêmes moments pour des courses dans différents quartiers de Paris.

Je ne découvrais pas ces chiffres, nous l'avons vu. La méthode appliquée par le lanceur d'alerte était aussi carrée que ce que je savais de ses qualités professionnelles. J'avais gardé l'enveloppe en papier kraft et la clé USB par-devers moi, je les avais mises en lieu sûr, dans un coffre. Même si je savais que ma successeure était impliquée dans la cabale montée contre moi, puisqu'elle en avait elle-même fait l'aveu auprès d'une haute fonctionnaire de Bercy, je ne voyais pas en quoi susciter une nouvelle affaire de dépenses dans une entreprise publique aurait pu me servir. Je n'avais aucun intérêt à ce que l'amalgame soit fait entre les dépenses personnelles d'Agnès Saal via l'abonnement de taxi de l'Institut et des contrats de prestation de service qui auraient été signés par ma main sans consultation publique.

Quarante-huit heures après les révélations du *Figaro*, Agnès Saal avait donné sa démission à Fleur Pellerin. L'éphémère présidente de l'INA allait devenir le symbole de l'élite déconnectée des réalités, l'énarque inconséquente de la chose publique, la moraliste à l'exemplarité dévoyée. Elle allait être vilipendée sur les réseaux sociaux, reconnue dans la rue, verbalement agressée. Assise dans le métro, elle serait épiée, photographiée et prise à parti par les voyageurs.

Je lui en voulais, et même terriblement. C'était moi qui avais soufflé son nom au CSA pour la faire nommer au conseil d'administration de l'INA en 2011. Je lui avais donné conseils et avis pour présenter sa candidature à ma succession. J'avais même avoué, devant les cadres réunis au moment du pot organisé pour mon départ et son arrivée, que si j'avais dû choisir un successeur, c'est elle que j'aurais nommée ! Agnès Saal était pourtant un bon petit soldat de la gauche de la gauche, aussi sectaire que celle qu'elle avait servie pendant la campagne de 2012. Agnès Saal avait fourni nombre de notes et de fiches sur la culture à Aurélie Filipetti qui s'occupait de cette thématique pour le candidat Hollande. Une fois nommée rue de Valois, elle avait souhaité qu'Agnès Saal dirigeât son cabinet. Mais elle s'était vu imposer une autre haute fonctionnaire légitime dans le secteur culturel, Laurence Engel, elle-même épouse d'Aquilino Morelle, le conseiller spécial du nouveau Président. L'INA était donc un joli lot de consolation pour celle qui n'avait pas compté ses heures pendant la campagne présidentielle.

Mes relations avec Agnès Saal s'étaient vite dégradées après qu'elle m'avait succédé. Elle avait rapidement écarté ou marginalisé les principaux cadres dirigeants de l'INA pour faire venir des fidèles, notamment un couple de fonctionnaires venu du Centre Pompidou et confia à l'une la direction financière et à l'autre, le secrétariat général. À l'automne 2014, devant des journalistes média, elle avait tiré à boulets rouges sur la gestion de son prédécesseur. Elle avait annoncé avoir trouvé une maison sans souffle, sans projet, des équipes démobilisées et des frais de conseil ou de réception sans intérêt. Elle s'était à l'occasion autoproclamée «janséniste».

J'avais pris le parti d'en rire, en renvoyant à ceux qui me faisaient suivre la dépêche de l'AFP relatant les déclarations d'Agnès une vidéo YouTube extraite de *La vie est un long fleuve tranquille* d'Étienne Chatiliez. Et plus précisément le monologue devenu culte de Daniel Gélin, lorsqu'il apprend l'inversion par Catherine Hiegel, dix ans auparavant, des deux bébés entre les couffins Le Quesnoy et Groseille. «La s..., la s..., oh la s.... La s..., oh la s...»

Même si mon avis n'avait pas changé sur Agnès Saal, je trouvais que la vindicte populaire à laquelle elle était exposée était démesurée et injustifiée. Nous étions pourtant deux ans et demi avant le mouvement des Gilets jaunes. Que serait-il arrivé à l'ex-présidente de l'INA si toute cette affaire avait éclaté à l'automne 2018 ?

Administratrice civile au ministère de la Culture, elle fut réintégrée dans son corps d'origine deux semaines après avoir été démise. Elle continuera d'ailleurs d'être promue par les gouvernements successifs pour occuper aujourd'hui le plus haut grade de son corps, «l'échelon spécial». Mais cette décision purement administrative créa au printemps 2015 une polémique telle que François Hollande lui-même demanda de taper fort, et vite, sur ce symbole de la trahison des élites.

Le cabinet de Fleur Pellerin était décidément peu inspiré et manquait sérieusement de sens politique. Comment expliquer qu'un haut fonctionnaire puisse fauter dans sa gestion et qu'aucune sanction ne lui soit appliquée ? Je connaissais suffisamment le fonctionnement et l'état d'esprit de ce milieu pour ne pas en être étonné. Contraindre un président (en l'occurrence une présidente) d'établissement public à la démission était déjà vu par le microcosme comme une peine lourde. Personne parmi ces plus ou moins grands serviteurs de l'État n'avait trouvé choquant ce qui était apparu aux yeux du grand public comme un recasage en règle. Et la ministre et son cabinet pensaient de même, à l'évidence, aveuglés par leur vision technocratique d'un sujet qui était devenu politique.

La presse avait relaté qu'en découvrant la réintégration d'Agnès Saal au ministère, le président de la République était entré dans une colère noire et avait morigéné sa ministre de la Culture devant témoins. Il avait exigé des sanctions exemplaires. La ministre s'était donc exécutée et, au début du mois de juin 2015, avait simultanément ouvert une enquête administrative et saisi le procureur de la République sur le fondement de l'article 40 du Code de procédure pénale. On sortait l'artillerie lourde ! D'un côté Agnès Saal risquait la radiation de la fonction publique à vie, de l'autre jusqu'à dix ans de prison et un million d'euros d'amende. Ses amis, et ils étaient nombreux en plus de trente années au service de l'administration de la Culture, s'étaient émus d'un tel traitement qualifié de lynchage pour cette femme décrite comme une victime expiatoire. Une lettre ouverte de soutien fut publiée dans *Libération* et signée par tout ce que l'État culturel comptait de dignitaires. Anciens ministres, anciens présidents de la BNF, du Centre Pompidou, de Radio France, du CNC, ils furent une bonne centaine à ne pas partager le sentiment d'impunité ressenti par la foule forcément haineuse et anonyme des réseaux sociaux.

Pour contenter l'ire présidentielle, Fleur Pellerin s'était donc résolue à passer le dossier à la justice. L'article 40 du Code de procédure pénale impose l'obligation « pour toute autorité constituée, tout officier public ou fonctionnaire, dans l'exercice de leurs fonctions » de signaler des crimes ou délits dont il a connaissance. Le dossier circonstancié adressé par un lanceur d'alerte aux administrateurs de l'INA servit d'accroche pour la saisine du procureur et par la même occasion, on fit aussi référence aux articles de presse qui relevaient la passation de contrats soi-disants non soumis à appel d'offres pendant la période précédente, de 2010 à 2013. Si bien que Fleur Pellerin faisait ainsi d'une pierre deux coups : Agnès Saal et Mathieu Gallet étaient désormais exposés à une enquête du parquet.

La procureure de la République de Créteil, juridiction dont dépendait l'INA, dans le Val-de-Marne, ouvrit donc en juin 2015 une enquête préliminaire pour détournement de fonds publics et favoritisme. Elle était d'autant plus dans l'obligation de le faire que l'association Anticor, qui s'était fait une spécialité de la lutte contre la corruption, s'était constituée partie civile au même moment. Pour Saal et Gallet, les dés étaient jetés.

L'enquête

« Il y a deux endroits où il ne faut pas avoir à aller car on ne sait jamais comment on en sort, c'est l'hôpital et la justice. » C'est un ancien grand flic, Frédéric Péchenard passé depuis en politique qui partage avec moi cette phrase définitive, quelques semaines après mon renvoi de Radio France, début 2018.

À l'été 2015, on n'en était pas encore là. Mon avocat, Christophe Ingrain, m'avait prévenu qu'il pouvait se passer beaucoup de temps entre l'ouverture de l'enquête préliminaire et mon audition par la police judiciaire. Il n'avait pas menti. J'avais appris en fin d'année que les principaux protagonistes de ce qui n'était pas encore une affaire avaient été entendus, et j'avais compris que je le serais en dernier. La date de la convocation fut finalement fixée au 13 mai 2016, onze mois après l'ouverture de l'enquête.

J'avais déjà été auditionné dans les locaux de la rue du Château-des-Rentiers, dans le XIIIe arrondissement, après ma nomination à l'INA.

En effet, début 2011, *L'Express* avait révélé qu'un élu, membre de l'association Anticor, le maire socialiste de Jarnac – clin d'œil du hasard certainement à la ville de naissance de François Mitterrand – avait saisi un obscur service de la chancellerie, le SCPC (Service central de prévention de la corruption) pour connaître son avis sur les conditions de ma nomination à l'INA. Le SCPC avait transmis le dossier au parquet de Créteil afin d'ouvrir une enquête préliminaire pour prise illégale d'intérêt au motif qu'en tant qu'ancien directeur-adjoint du cabinet de Frédéric Mitterrand, j'aurais exercé un contrôle sur l'établissement public dont j'avais pris la présidence huit mois plus tôt. J'avais soupçonné un ancien collaborateur, sociologue de réseaux dont je n'avais pas prolongé le contrat à l'INA, d'être à l'origine de la manœuvre. Après une enquête de dix-huit mois qui était remontée jusqu'à la cour d'appel de Paris, la procureur de la République de Créteil avait jugé que les faits n'étaient pas constitués. Le dossier fut classé sans suite.

La brigade financière était donc installée dans un immeuble des années 1980 d'une dizaine d'étages, en demi-lune, de couleur beige, triste et mal entretenu comme le sont souvent les bâtiments de la police et de la justice. J'avais retrouvé maître Ingrain là-bas, à 10 heures, prenant la précaution d'être accompagné de mon avocat.

« Il faut toujours être accompagné de son avocat, au cas où on te mettrait en garde à vue », m'avait-il conseillé la veille au soir.

Christophe avait vu juste. Le bureau de l'officier de police judiciaire (OPJ) affichait la couleur auprès de ses visiteurs avec une banderole « Là où la brigade Morel passe, le crime trépasse », placée derrière son fauteuil. À 10 h 05, la capitaine Morel me signifiait que j'étais mis en garde à vue pour deux faits de prévention : détournement de fonds publics et favoritisme. Autant je m'attendais à être entendu pour les contrats de conseil rapportés par *Le Canard enchaîné* un an auparavant (la non-conformité présumée avec les règles des marchés publics caractérisant le délit de favoritisme), autant la poursuite pour détournement de fonds publics me prit de court. Rapidement, l'OPJ entra dans le vif du sujet : selon certains témoins qu'elle avait interrogés depuis plus de neuf mois, la présidence Gallet à l'INA se caractérisait par un usage extensif des moyens de l'institut pour des repas, des déplacements en France ou à l'étranger, des services (la blanchisserie pour une cravate ou une chemise) que la police aurait aimé entendre justifier. Je compris rapidement que l'équipe qui m'avait succédé avait eu tout le loisir de mettre en avant les dépenses de fonctionnement de la précédente présidence dans le but de relativiser les frais de taxi pour lesquels Agnès Saal avait dû renoncer à son poste. La manœuvre était classique à défaut d'être subtile. Elle se révélera surtout efficace.

« Vous savez, madame la capitaine, c'était tellement pire avant, si vous saviez… » J'imaginais cette phrase prononcée avec un air digne de celui du chat botté dans *Shreck* quand il cherche à attendrir ses adversaires avant de les attaquer sabre au clair.

Depuis presque un an, l'enquête s'était faite à charge, totalement biaisée par l'orientation donnée par les premiers témoins, Agnès Saal et son équipe qui avaient déjà tous été renvoyés au moment où ils témoignaient. Sur les cinq heures que dura ma garde à vue, au moins trois furent consacrées à justifier des dépenses qui remontaient parfois à quatre ou cinq ans en arrière. À un moment, la policière me demanda sur un mode d'interrogatoire de série télé :

— Le week-end du 29 et 30 avril 2012, que faisiez-vous en Tunisie dans un hôtel quatre étoiles ?

— J'y étais pour le conseil puis l'assemblée générale de l'Association pour l'audiovisuel de la Méditerranée que je présidais à titre bénévole.

— Mais pourquoi y aller un samedi et un dimanche alors ?

— Parce que dans certains pays musulmans, et ils sont nombreux dans cette association méditerranéenne, le vendredi est chômé, madame… Par ailleurs, cela me permettait de ne pas prendre de temps sur mon travail de PDG de l'INA.

Je ressentais sans mal, dans les questions de la capitaine Morel, comme une envie insistante de me faire payer mon train de vie de dirigeant, qu'elle me suspectait de gagner quatre fois son salaire et de m'être offert un week-end en périphérie de Tunis aux frais du contribuable.

J'avais traversé l'épreuve des notes de frais en gardant un calme apparent. En revanche, quand les questions avaient concerné les contrats de consultants où on avait mélangé à dessein les prestations de conseil en stratégie (Roland Berger) et celles de conseil en communication (Publicis, Havas ou Balises, la société de Denis Pingaud), j'avais haussé le ton sous le regard attentif de maître Ingrain qui aurait certainement tapé du pied si j'avais été trop loin. La policière semblait avoir en tête que toutes ces prestations, toutes ces études, toutes ces heures de travail avaient été engagées au profit personnel du dirigeant – et de la brillante carrière qu'il avait poursuivi par la suite –, voire qu'elles étaient tout à fait fictives.

J'avais raconté le soir même la garde à vue à Antoine et je m'étais lâché au téléphone, pour faire redescendre la pression de la journée.

« J'avais l'impression que la flic me soupçonnait d'être la Xavière Tiberi de Bry-sur-Marne ! lui dis-je pour mieux me détendre. Tu ne sais pas qui c'est, tu n'étais pas né ou presque. C'était la femme de Jean Tiberi, le dernier maire RPR de Paris, un fidèle de Chirac, qui lui a succédé quand il a été élu président de la République. La justice s'était intéressée à elle dans l'affaire des emplois fictifs au conseil général de l'Essonne. Elle avait été payée pour un rapport truffé de fautes d'orthographe sur la francophonie, dont on ignorait jusque-là qu'elle en était une spécialiste. *Le Canard* en avait même créé une rubrique satirique “Le journal de Xavière T”. C'était très drôle, comme c'est souvent le cas avec *Le Canard* tant qu'il ne s'attaque pas à toi. La flic cherchait vraiment à savoir si Pingaud et les autres avaient bien travaillé pour l'INA et non pour moi, personnellement, et surtout s'ils avaient travaillé tout court. « Les Thénardier » – le couple qui travaillait pour Agnès Saal depuis des années – et Agnès ont dû lui bourrer le crâne en lui disant que c'était du vent. Ce qui me rend dingue, c'est qu'à aucun moment elle ne s'est interrogée sur l'intérêt qu'ils trouvaient à me charger. »

Antoine comprenait, au ton véhément que j'avais pris pour mon récit, que j'étais affecté par ce que je venais de vivre.

Après cette épreuve, « les emmerdes qui volent en escadrille », pour paraphraser la formule de Jacques Chirac, reprirent de plus belle. À la fin du mois de mai 2016, *Mediapart* publia le rapport provisoire de la Cour des comptes sur la gestion de l'INA de 2007 à 2014. Dans le jargon de la rue Cambon, on l'appelle « relevé de constatations provisoires » et il n'est adressé qu'à une poignée de personnes, ministres et dirigeants des établissements contrôlés. Chaque exemplaire était numéroté et chaque page barrée du nom du destinataire. La fuite dans la presse était clairement organisée, mais par qui ? Il y avait peu de possibilités puisque seuls la ministre de la Culture Audrey Azoulay, le nouveau président de l'INA Laurent Vallet et ses deux prédécesseurs, moi-même et Agnès Saal étions destinataires du rapport confidentiel.

Outre la violation de la procédure, qui est par essence contradictoire et dont la publicité ne peut être accordée que par la Cour des comptes elle-même à son issue, l'article de *Mediapart* provoqua deux réactions à la fois cocasses et scandaleuses.

La première vint de l'ancienne ministre Fleur Pellerin qui, après avoir été remerciée du gouvernement en février, avait réintégré son corps d'origine, la Cour des comptes. La conseillère référendaire récemment réaffectée avait en effet republié l'article sur son compte Twitter, suivi à l'époque par plusieurs centaines de milliers d'abonnés. De surcroît, elle avait tweeté un commentaire, au cas où le retweet n'aurait pas suffi à informer ses *followers.*

Nous étions invités à dîner ce soir-là, avec Antoine et quelques amis, chez un autre ancien ministre de la Culture, de droite celui-ci : Renaud Donnedieu de Vabres. L'ensemble de la table fut choqué mais pas surpris par la démarche, tant l'animosité entre Fleur et moi était de notoriété publique après la crise de l'année précédente.

« Elle ne doit pas vous porter dans son cœur, avait glissé d'un phrasé au ralenti si typique Jean-Claude Gaudin, le maire de Marseille, encore sénateur à cette époque et présent à table. Le retour à la Cour des comptes n'a pas dû être très "agréaaableu" après que Hollande l'a virée de son gouvernement. Et puis de voir que vous, mon "chèèreu" Mathieu, le CSA ne vous a pas lâché, ça a dû la mettre en rogne. »

J'avais trouvé le tweet de Fleur Pellerin tout à fait scandaleux pour une haute fonctionnaire, magistrate financière tenue à son devoir de réserve, qui relayait ainsi un article issu d'une fuite au sein de sa propre juridiction. Mais le plus cocasse était à venir.

Nous venions de passer au dessert – un paris-brest qui tenait au corps –, quand je sentis vibrer mon iPhone. Je pris connaissance d'un SMS qui soudain allégea mon humeur :

As-tu lu l'article de Mediapart sur Mathieu Gallet ? C'est incroyable qu'il ait fallu attendre tant de temps pour qu'enfin la comparaison soit faite avec toi et à ton net avantage ! J'espère que ça ira au bout. Je t'embrasse.

Le SMS était signé d'Aurélie Filippetti, autre ancienne ministre de la Culture avec qui j'avais eu aussi, l'on s'en souvient, des rapports difficiles lors de mon arrivée à Radio France. J'éclatai de rire à la lecture du message.

— Attendez, attendez, voici la meilleure !

Je lus le SMS qui m'avait été adressé par erreur à l'assistance qui m'écouta mi-amusée mi-consternée. Aurélie Filippetti s'était manifestement trompée. Le cerveau est ainsi fait que, parfois, il nous fait confondre le sujet d'un message avec son destinataire qui à l'évidence aurait dû être Agnès Saal.

Je ne résistai pas au plaisir de lui faire connaître sa méprise et son erreur d'aiguillage. Si vite que j'envoyai à l'agrégée de lettres classiques ma réponse agrémentée d'une belle faute de français ! Depuis cet épisode, nous appelons entre nous, au sein de mon groupe d'amis, ce type d'erreur « faire une Filippetti ». Chacun a sa propre référence en pareil cas. Emmanuel Macron pourrait, lui, parler de « faire une Villin » du nom du banquier d'affaires qui avait commis la même erreur quand il était à Bercy et que ses ambitions présidentielles étaient de plus en plus affichées.

Après cette soirée occupée par tant de « preuves d'amour » de la part des deux précédentes occupantes de la rue de Valois, je décidai le lendemain de contre-attaquer. L'origine de la fuite du rapport provisoire était difficile à prouver tout en étant évidente. En revanche, la publicité faite à cette fuite par une magistrate en poste à la Cour des comptes relevait de la faute, et je ne comptais pas la laisser passer. La Cour avait bien réagi par communiqué de presse à l'article de *Mediapart*, mais je ne m'en contentais pas. J'écrivis donc à son premier président, Didier Migaud, pour me plaindre de la rupture de la confidentialité d'un contrôle en cours et de l'écho donné par une membre de la Cour en activité. Le « PP », comme on l'appelle rue Cambon, devait être bien embêté que son institution soit ainsi mêlée à des affrontements entre vieux ennemis. Mais la Cour n'avait pas été exempte de reproches depuis le début de cette affaire et elle aura joué un rôle tout à fait certain dans la suite de l'histoire dont je fais ici le récit.

Elle avait notifié son contrôle de la gestion et des comptes de l'INA en mars 2013, sept ans après son dernier passage à Bry-sur-Marne. Le contrôle était effectué par un conseiller maître proche de la retraite et une assistante. Lors de leur première visite, celle-ci s'était étonnée de voir que la directrice financière faisait des cafés avec une machine Nespresso. Le ton était donné. L'équipe de contrôle ne carburait pas à la caféine pour autant. Au bout de deux ans, en mars 2015, elle s'apprêtait à rendre ses constatations provisoires. Le temps de voir les principales parties prenantes – ministères de tutelle et dirigeants concernés par la période sous contrôle – répondre à la contradiction, par écrit et par oral, le rapport définitif était attendu à la rentrée 2015. Mais rien ne se passa comme prévu.

Le rapporteur demanda à me voir pour me faire un compte rendu oral du rapport provisoire. C'était quelques jours avant le début de la grève à Radio France, en mars 2015. Il n'avait rien trouvé à redire à la situation laissée à l'INA après quatre années de mandat, si ce n'est l'accord d'entreprise signé en 2012 qui se substituait à la convention collective de l'audiovisuel public, qu'il trouvait trop généreux pour les salariés. Je lui avais fait part de ma satisfaction de voir que la Cour des comptes, qui avait réalisé son enquête en deux ans, reconnaissait le travail effectué par moi-même et par mon prédécesseur, Emmanuel Hoog.

Las, la sortie successive des articles du *Canard enchaîné* consacrés aux prestations de conseil, publiés en pleine crise à Radio France, allait changer les plans de la Cour. Elle prit tout son temps et adressa un premier rapport provisoire à la fin du mois de juin 2015 tout en prévenant qu'elle souhaitait ajouter un contrôle supplémentaire sur l'année 2014 qui ferait l'objet d'un deuxième cahier. La Cour avait certainement craint d'apparaître en retrait par rapport aux allégations du *Canard*, tant au sujet des contrats de consultants de l'ère Gallet que des dépenses de taxi du passage éclair Saal. Elle mit donc une année de plus pour renvoyer ses constatations provisoires complémentaires, profitant de l'occasion pour revenir en grande partie sur la période 2010-2013. Arrivée après tout le monde (et essentiellement les fuites dans la presse), la Cour des comptes ne voulait surtout pas être soupçonnée de n'avoir pas épinglé elle aussi la gestion de deux dirigeants poursuivis par les médias et désormais la justice. C'était ce deuxième cahier qui avait été opportunément partagé à *Mediapart*.

La Cour des comptes soulignait les frais de bouche sous ma présidence alors que ma successeure s'était montrée très frugale au cours de son mandat écourté. Il faut dire qu'Agnès Saal considérait que tout ce qui s'apparentait à une démarche commerciale n'avait pas sa place à l'INA qu'elle voulait, *in fine*, transformer en BNA, Bibliothèque nationale de l'audiovisuel. Elle ne faisait donc pas d'invitation au restaurant, par principe.

Dans cette nouvelle période de tension, mes appels chaque soir avec Antoine me servaient d'exutoire.

Le pouvoir de la Cour des comptes pouvait avoir des conséquences bien plus importantes qu'un mauvais *buzz* médiatique, j'allais bientôt le vérifier.

Après avoir répondu par écrit à ce deuxième cahier provisoire à charge, j'avais aussi tenu à me rendre devant les magistrats financiers pour me défendre à l'oral. C'était en juillet, entre deux matchs de l'Euro 2016 qu'Antoine et moi avions suivis avec ferveur. Puis, plus rien. Le rapport définitif ne sortit jamais et la présidente de la 3e chambre, celle qui contrôle le secteur culturel, m'avait répondu que les anciens dirigeants n'étaient pas destinataires des conclusions, quand bien même leur période de gestion était concernée. Du côté de l'enquête de la brigade de la répression de la délinquance économique, depuis la garde à vue de mai 2016, c'était silence radio.

Le cas d'Agnès Saal avait été réglé au printemps 2016 quand elle avait conclu un accord de plaider-coupable avec le parquet. Pour détournement de fonds publics, elle avait été condamnée à 4500 euros d'amende pour ses frais à l'INA, puis 3000 euros d'amende et trois mois de prison avec sursis pour les mêmes faits au Centre Pompidou. La légèreté des peines dans une affaire de détournement de fonds publics avait choqué l'opinion publique et certains médias. Agnès Saal avait été de surcroît suspendue de la fonction publique pour deux ans, dont six mois fermes sans traitement ni salaire. Plus tard, on lui retirera sa promotion au grade d'officier de la Légion d'honneur dont l'avait récompensée le Premier ministre Manuel Valls. Mais aujourd'hui, elle est « haute fonctionnaire à la responsabilité sociale des organisations » au ministère de la Culture. Le calice bu jusqu'à la lie ?

Un été avec Yourcenar

Été 2016. J'avais la tête ailleurs. Loin de Créteil où le parquet poursuivait son enquête préliminaire dont je ne savais rien. C'est toute la différence avec une information judiciaire conduite par un juge d'instruction. Après une convocation, on ressort de son cabinet avec un statut qui donne accès à son dossier. Dans une enquête préliminaire, à la main d'un procureur, la défense ne sait rien de ce qui se passe jusqu'au jour où le parquet statue : classement sans suite, désignation d'un juge d'instruction pour poursuivre l'enquête ou renvoi direct devant un tribunal. Nous étions en juillet, deux mois après ma garde à vue, et rien de nouveau.

L'Euro de football s'était soldé par une défaite de la France face aux Portugais menés par Cristiano Ronaldo. Le 14 juillet, j'étais avec Antoine au Champ-de-Mars pour le Concert de Paris organisé par la Ville, France Télévisions et Radio France. Le feu d'artifice était à peine terminé depuis la tour Eiffel que des nouvelles dramatiques nous parvenaient de

Nice. Un camion venait de foncer dans la foule sur la promenade des Anglais. On parlait de blessés en grand nombre et de morts probables. Antoine et moi quittâmes le Trocadéro pour nous rendre à la Maison de la radio. Il était un peu plus de minuit trente et rapidement la piste d'un attentat s'imposa. Nous restâmes jusque tard dans la nuit pour suivre depuis le studio de franceinfo les développements de cette nouvelle attaque contre la France, le jour de la fête nationale. J'avais appelé le directeur de France Bleu Azur pour m'assurer qu'on ne dénombrait pas de victimes parmi les employés. Aucune n'était à déplorer, mais ce nouvel acte barbare avait fait quatre-vingt-six morts et plus de quatre cents blessés.

En août, Antoine et moi partîmes faire un périple inédit pour nous deux en Nouvelle-Angleterre : Massachussetts, Maine, New Hampshire, Vermont et même l'État de New York jusqu'à son extrémité à la frontière canadienne, dans les Thousand Islands. Antoine m'avait convaincu de pousser le voyage jusque dans le Maine, à Mount Desert plus précisément. Il était en train de lire Les *Mémoires d'Hadrien* de Marguerite Yourcenar et nous n'étions qu'à une centaine de *miles* de la maison où la première femme reçue à l'Académie française avait vécu près de cinquante ans.

Sur le chemin, j'appelai la maison, qui était gérée depuis la mort de l'écrivaine en 1987 par une fondation. L'on pouvait visiter « Petite Plaisance » sur rendez-vous seulement. Évidemment, la visite n'était pas possible à si brève échéance mais nous décidâmes malgré tout de prendre les chemins sinueux de la côte pour nous y rendre.

« Petite Plaisance », c'était pour moi un nom merveilleux qui me rappelait les souvenirs d'une série documentaire diffusée sur France 3 dans les années 1990 et consacrée aux grands écrivains du XXe siècle. J'avais découvert nombre d'auteurs américains, britanniques ou italiens grâce à cette grande fresque de portraits présentée par Bernard Rapp. Je n'avais lu d'auteurs étrangers que tardivement, arrivé au lycée, et cette série, comme seul le service public savait en produire, m'avait ouvert de nouveaux horizons littéraires. « Elle m'a révélé Faulkner ou Pirandello, racontai-je à Antoine au volant de notre Ford blanche, un modèle banal de loueur de voitures bon marché qui allait parcourir plus de 2 000 miles en deux semaines. Ma culture cinématographique, c'est *Le Cinéma de minuit*. Et ma culture littéraire étrangère, *Un siècle d'écrivains*. Tu comprends pourquoi je suis attaché à la télé publique ou à la radio. »

Nous arrivâmes facilement devant ladite maison, « Petite Plaisance ». Elle n'était pas au bord de l'eau, ce qui nous déçut. Elle était modeste, en bois peint en blanc, de grands pans de toiture d'ardoise abritant un étage dédié aux chambres. Nous marchâmes jusqu'à l'entrée principale qui était, comme souvent aux États-Unis, fermée par une porte moustiquaire laissant entendre les voix à l'intérieur. Les visiteurs qui passaient par le salon puis la salle à manger étaient français. Une famille avec deux enfants. Je pris une photo du logo « Maisons des illustres » pour l'envoyer plus tard à Frédéric Mitterrand. C'était lui qui avait souhaité créer ce label en 2011 pour distinguer et soutenir les maisons liées à l'histoire et à la vie de grandes personnalités de l'art, de la politique, des idées. C'était un dossier sur lequel j'avais aimé travailler, de ceux qui donnent ce sentiment de faire œuvre utile pour la collectivité.

« Qu'est-ce qu'il nous a enquiquinés à défendre telle ou telle subvention pour le patrimoine Belle Époque de Lamalou-les-Bains ou le Château-musée franco-américain de Blérancourt, racontai-je encore à Antoine. Et pour les Maisons des illustres, il bourrait l'agenda de ses week-ends : quand ce n'était pas la maison de Colette dans l'Yonne, c'était celle de Jean Cocteau à Milly-la-Forêt. Il a une culture d'un autre siècle, celle du XXe. Au fond, il nous menait une vie pas possible – et il se menait une vie de dingue –, mais il avait ce sens de l'Histoire que je n'ai pas retrouvé après lui. »

Soudain, une femme aux cheveux courts grisonnants s'approcha de nous. Je lui expliquai que j'avais appelé quelques heures plus tôt pour demander à visiter, mais que faute de pouvoir entrer nous avions décidé de venir voir la maison de l'extérieur. Elle nous proposa gentiment de passer par la cuisine pour voir quelques pièces du rez-de-chaussée, le temps que la famille française eût fini son tour. Elle nous montra là où « Madam' » faisait la cuisine, son propre pain, ses gâteaux. Puis nous pénétrâmes dans le bureau où était encore disposé le châle de Yourcenar que nous lui connaissons sur nombre de photos. La machine à écrire de Grace Frick, qui partagea sa vie pendant cinquante ans, était là, juste en face, de l'autre côté du bureau. La petite pièce était émouvante, on imaginait le temps que ces deux femmes y passèrent à écrire et réécrire ces textes au style classique mais aux histoires si singulières qui firent la renommée mondiale de Yourcenar.

— Vous devez avoir souvent des visiteurs français ? demandai-je après avoir entendu la famille qui nous précédait.

— Beaucoup, surtout depuis que France Culture a enregistré une série d'émissions radiophoniques ici, en 2012, nous répondit notre guide qui vivait sur place, au premier étage.

— C'est une grande fierté pour moi de savoir que la radio publique contribue à faire rayonner ce lieu, lançai-je avec un brin de solennité. Je ne manquerai pas de le rapporter à mes équipes à mon retour en France.

Notre guide alla immédiatement chercher sa partenaire qui n'avait pas encore terminé sa visite avec les autres Français. Celle qui avait été la dernière assistante personnelle de « Madam' » était tout émue de recevoir le président de Radio France. Je dus signer le livre d'or posé dans l'entrée, on nous montra les autres pièces de la maison, on nous ouvrit les albums de photos et de cartes postales qui servaient à

Yourcenar pour décrire les lieux de vie d'Hadrien dans la Rome antique ou de Zénon dans la Bruges de la Renaissance. On nous emmena visiter «Grande Plaisance», c'est-à-dire le jardin, à l'arrière de la maison, où sont enterrés les nombreux chiens du couple Frick-Yourcenar. Près d'une heure après notre arrivée, nous quittâmes nos guides qui, telles deux vestales, continuaient à faire vivre le feu sacré de ces deux femmes dont nous admirions l'œuvre et enviions l'amour.

Nous avions cinq heures de route avant de nous arrêter dormir pour une nuit à Bretton Woods, dans le New Hampshire, dans l'hôtel où se tint la célèbre conférence qui régla en 1944 et pour près de trente années l'ordre monétaire mondial. Nous avions fait tout ce chemin à l'écoute des podcasts de la série d'émissions que France Culture avait consacrée à Yourcenar.

La suite du séjour nous conduisit jusqu'à l'île de Grindstone, dans les Thousand Islands, à la frontière canadienne, où mon ami l'écrivain Nicolas d'Estienne d'Orves nous reçut dans sa jolie maison en bois. Après cette retraite dans la nature, nous revînmes sur la côte pour passer deux jours à Newport. L'ambiance de cette station très huppée de l'état de Rhode Island était restée fidèle aux heures glorieuses des Vanderbilt et autres magnats du charbon et de l'acier dont les fabuleuses *mansions* avaient inspiré les lieux et les décors à Francis Scott Fitzgerald pour son roman *Gatsby le magnifique*. Notre périple se poursuivit jusqu'à Hyannis Port, le fief de la famille Kennedy, d'où nous prîmes le ferry-boat pour Nantucket. Trois journées sur place à parcourir l'île sur de grands vélos hollandais pour nous plonger dans les souvenirs et les évocations des baleiniers du capitaine Achab dans le *Moby Dick* de Herman Melville. Au cours de ces deux semaines avec Antoine, c'était *Un siècle d'écrivains* qui défilait dans ma mémoire et autant d'histoires qui, grâce à la télévision publique, avaient marqué mon adolescence et que je voulais faire découvrir à celui qui partageait désormais ma vie d'adulte.

Arcachon

La quarantaine approchait et je voyais arriver ce changement de décennie avec bonheur. La question de la vieillesse, qui taraude tellement un grand nombre d'homosexuels dès qu'ils ne rentrent plus dans les canons des fantasmes de l'homme jeune, musclé et vigoureux, ne me travaillait pas. La présence d'Antoine à mes côtés était à double tranchant : il me rappelait ce qu'était la jeunesse et en même temps notre entente démontrait que les années d'écart comptent assez peu dans le sentiment amoureux. Il faut dire que ses goûts, ses centres d'intérêt et son mode de vie étaient peu représentatifs de ceux attendus d'un jeune homme de 20 ans. Si bien que quand je me mis en tête de chercher une résidence secondaire, l'idée ne lui déplut pas.

C'était pourtant pour moi le symbole d'un certain confort, d'un certain accomplissement financier autant que social. C'était un truc de vieux couple, pour le dire franchement ! Mais je voyais ma famille s'agrandir – ma sœur venait d'avoir une petite fille après avoir franchi bien des difficultés pour ce premier enfant –, et ma relation avec Antoine s'installait dans le temps, se posait.

Je n'étais pas pressé et j'avais mis quelques mois à arrêter mon choix sur le lieu de cette villégiature à venir. Arcachon, Saint-Jean-de-Luz et Dinard avaient été sélectionnées sur les sites de petites annonces immobilières. On était dans du très classique et très bourgeois bord de mer. Je n'avais jamais envisagé d'investir à la campagne – j'en venais – ni à la montagne – qui implique un mode de vie trop sportif pour trouver grâce à mes yeux. Ces trois stations balnéaires n'étaient pas choisies au hasard, elles correspondaient toutes à des souvenirs d'enfance et de jeunesse.

Mes grands-parents maternels avaient acquis au début des années 1980 une petite villa non loin d'Arcachon où je passais la plupart de mes vacances avec ma grand-mère Geneviève. J'avais effectué mon premier vol en avion, mon baptême de l'air, à 4 ans, au-dessus du bassin en compagnie de mon grand-père Jean qui pilotait à l'époque, en pleine ascension sociale, un petit Cessna dont je voulais déjà prendre les commandes. Cazaux, c'étaient les années d'une enfance choyée avec celle que tout le monde appelait alors « Ginou », une grand-mère tout juste cinquantenaire qui roulait avec ses amis en voiture de sport, jouait au casino, noçait au *Cotton Club*, toujours élégante et libre dans les robes légères et colorées qu'elle portait pour danser sur *Vous les femmes*, le tube international de Julio Iglesias, même à l'heure de préparer des soles grillées rien que pour moi.

Saint-Jean-de-Luz, je l'ai déjà évoqué, était lié au souvenir de la petite location que mes parents occupèrent tous les mois de juillet, pendant une bonne dizaine d'années, dans une belle résidence Second Empire face à la mer. Le souvenir des premiers regards pour les garçons de mon âge, alors adolescents, dont la peau dorée par le soleil et la musculature dessinée par les sports nautiques provoquaient mes premiers désirs.

Quant à Dinard, j'y ai passé des vacances enfant, à l'époque où mon père travaillait pour une entreprise malouine spécialisée dans la production d'engrais agricoles, et j'y suis revenu régulièrement à l'âge adulte pour des week-ends en amoureux en forme de rituels de passage, « stop ou encore ».

Chacune de ces trois destinations correspondait à un âge de ma vie. Partout je recherchais une maison ancienne à retaper.

La proximité avec Bordeaux, où Antoine était désormais en première année d'école de commerce, et avec Villeneuve-sur-Lot où vivait ma famille, fit rapidement pencher la balance en faveur du bassin d'Arcachon. Je voulais que ma future villégiature fût autant un refuge pour nous qu'une maison de famille pour mes parents, ma sœur et les enfants présents et à venir. Je profitais des week-ends chez Antoine pour programmer des visites à Arcachon. Et c'est à l'occasion d'une de ces visites qu'il fit la connaissance de mes parents.

Nous devions visiter une jolie arcachonnaise située dans le centre de la ville, entre le port de plaisance et la gare. Mes parents passèrent nous prendre en voiture à la sortie du TER pour aller rue de la Dune-Pontac. La petite maison blanche aux boiseries extérieures bleues semblait inhabitée depuis des années mais n'avait rien perdu de son charme 1930. Il fallait seulement faire preuve d'imagination pour savoir comment relier le bâtiment principal et sa dépendance afin d'en faire une villa familiale au confort moderne.

« Et puis, il faudra changer son nom, me dit ma mère dans un demi-sourire. "Marine", même en bord de mer, c'est problématique ! »

Deux autres visites se succédèrent avant que nous allions déjeuner dans le quartier du Moulleau, au sud d'Arcachon, juste avant de « passer la frontière » du Pyla-sur-Mer. Car le bassin d'Arcachon n'est pas un tout uniforme, au contraire. La première frontière est entre ceux « du Ferret » et les autres. Le cap Ferret, autrefois sauvage et boisé, où l'on venait pour chasser il y a cent ans, est devenu cet isthme pour *beautiful people* en quête de vraie-fausse robinsonnade. Les prix de l'immobilier pour une cabane en bois n'ont presque plus rien à envier à ceux des villas « californiennes » de Cannes et de ses environs. Le Pyla est un peu le pendant « *East Coast* » du bassin, à la réserve près que ses villas sont plus anciennes – les maisons du promoteur Louis Gaume qui avait transformé ces anciens terrains marécageux en lotissements de plaisance dès les années 1930 – et, de mon point de vue, plus charmantes. Quant à Arcachon, la sous-préfecture locale, elle a su préserver un brassage social que le Pyla et le Ferret ne lui envient surtout pas. On y retrouve de vieilles familles bordelaises possédant des villas Belle Époque dans la *Ville d'hiver* située sur les hauteurs, une classe moyenne supérieure ayant acquis petites maisons de ville ou appartements confortables dans des résidences des années 1970 et 1980, et une classe plus populaire qui loue studios et T3 dans des immeubles fonctionnels ayant poussé comme des champignons depuis trente ans, avec la bénédiction de maires successifs jusqu'ici davantage intéressés par la promotion immobilière que par la préservation d'un patrimoine architectural et naturel.

Devant un plateau de fruits de mer, je présentai officiellement Antoine à mes parents. Il ne les avait encore jamais rencontrés avant cette journée de visites immobilières, mais il m'avoua avoir le sentiment de vivre déjà avec eux après tout ce que je lui avais relaté de ma famille depuis dix-huit mois. À grands traits, mon père est bonhomme, affable, copain de tous mais vit surtout pour lui-même ; ma mère est caustique, assertive, souvent cassante et vit beaucoup pour les autres. L'eau et le feu. J'avais prévenu Antoine qui ne sembla pas surpris devant ce couple qui s'aimait toujours plus près de quarante ans après leur mariage, mais dont l'union restait un équilibre précaire entre les sentiments et la raison. Ils sont si dissemblables dans leurs tempéraments que leur capacité à poursuivre une vie ensemble force quelque part mon admiration. Ils s'entendent sur l'essentiel, les valeurs, les idées et la politique, l'éducation donnée aux enfants. On peut vivre sous le même toit, s'aimer encore et ne plus partager cependant que les souvenirs de ce qui a été vécu, sans savoir vraiment comment on en est arrivé jusque-là.

— Mais tu es né en quelle année ? demanda ma mère à Antoine, après avoir calculé qu'il sortait de deux années de classe préparatoire.

— En 1995, pourquoi ?

— Ah, mais tu es un enfant ! C'est l'année où Mathieu a eu son bac.

Je foudroyai maman du regard sous l'œil amusé de papa qui venait d'engloutir une douzième huître du banc d'Arguin.

— Tu te souviens de l'âge que tu avais quand tu as commencé à sortir avec papa ? Seize ans, c'est ça ? En plus, on était loin de la majorité à l'époque, lui répondis-je du tac au tac.

Antoine ne savait pas où se placer dans ce jeu de ping-pong avec maman. Papa, lui, avait déjà commandé les desserts pour ne pas avoir à entrer dans la joute.

L'après-midi passa, ma mère ne manquant aucune occasion de raconter à Antoine, entre glaces et gaufres dégustées sur la jetée du Moulleau, les amours passées – qu'Antoine connaissait déjà trop bien – de son fils pour mieux établir une sorte de tableau de chasse classé du plus gros au plus petit gibier. Il imaginait déjà quelle pourrait être sa place parmi ces trophées imaginaires si d'aventure notre histoire devait un jour s'arrêter.

Le courant était bien passé, comme l'on dit familièrement, entre Antoine et mes parents.

Ils nous laissèrent à l'hôtel des Vagues avant de reprendre la route pour leur campagne. Nous n'avions pas beaucoup avancé dans notre projet immobilier, mais Antoine venait de faire son entrée dans la famille Gallet.

Quelques semaines plus tard, après la terrible surprise de l'élection de Donald Trump à la présidentielle américaine, nous retournâmes à Arcachon, cette fois pour trouver ce que nous cherchions, ou presque.

Mes parents avaient fait le déplacement la veille du long week-end du 11 novembre, après qu'une alerte sur seloger.com eut retenu l'attention de tous. Une jolie maison moderne, proche de la plage, dans un quartier résidentiel mais central, était apparue parmi les annonces. La maison allait recevoir ses premières visites au cours du pont à venir. Sans hésitation, mes parents décidèrent de la visiter au plus tôt. Pour ma part, j'étais en déplacement à Montpellier avec Éric Revel, le nouveau directeur que j'avais nommé à la tête du réseau France Bleu. Ma sœur Sarah, enceinte de son deuxième enfant, accompagnait mes parents et me fit faire une visite virtuelle par FaceTime. Il faisait gris, la pluie tombait, l'image était pixélisée, la pire situation pour décider d'acheter une résidence secondaire ! Mon père plaida la cause de la maison, qui ne correspondait pourtant pas à nos critères – elle était neuve, sans histoire, équipée pour être louée sur Airbnb – mais elle était pratique, confortable et idéalement bien située. Finalement, je me décidai le soir même à faire une offre.

La découverte de notre futur refuge fut un bonheur. Je me souvenais très bien d'avoir, enfant, remonté cette artère qui se termine par une petite corniche ouvrant sur la plage Pereire, le bassin et les pins, le cap Ferret au loin. Entre mer et bois, car le quartier était encore vert, « Petite Plaisance » nous attendait. C'est le nom qu'Antoine et moi lui donnâmes au premier jour en souvenir de notre séjour d'été dans le Maine, en hommage à cette retraite charmante où vivait encore l'âme de Marguerite Yourcenar et Grace Frick longtemps après leur mort. Nous allions faire de cette « Petite Plaisance » arcachonnaise notre projet, celui qui nous permettrait de construire un peu plus notre relation.

La semaine passa vite entre cette décision un peu hâtive et un nouveau week-end à Arcachon pour nous assurer que nous avions fait le bon choix. En prévision des premiers chiffres d'audience de la saison que Médiamétrie rendait publics dans la semaine, le magazine *Challenges* m'avait consacré un grand portrait. « Solitaire » était le titre de cet article qui s'étalait sur quatre pages dans l'hebdomadaire économique. Si, de l'avis général, il était globalement positif, l'insertion d'une citation anonyme dans l'article me choqua et me fit mal.

«Il s'occupait du placement des VIP dans les soirées Canal, persiflait un ancien conseiller politique, qui ironisait sur cette très belle carrière pour une ouvreuse de Canal+.»

Que de mauvaises langues pensent et disent ce qu'elles veulent dans mon dos, c'est leur liberté et cela fait partie du jeu quand on devient une personne publique. En revanche, que le journaliste Marc Baudriller et le magazine dirigé par Vincent Beaufils eussent fait le choix de publier une telle parole m'était apparu insupportable. Pour la première – et la seule – fois de ma carrière professionnelle, j'avais pris la plume pour partager ma colère au directeur de la publication de l'hebdomadaire, son fondateur et propriétaire Claude Perdriel. Le mépris de classe, la misogynie et l'homophobie de la citation anonyme n'avaient à l'évidence pas heurté cet homme connu pour ses engagements progressistes à gauche. Sa réponse par e-mail allait dans ce sens. Je mis ce manque de sensibilité et de considération sur le compte des générations qui nous séparaient. Mais la blessure restera intacte.

Les excellents résultats d'audience de Radio France étaient ma consolation. Je comptais sur les chiffres pour espérer recevoir la reconnaissance professionnelle que certains refusaient toujours de m'accorder. France Inter voyait sa nouvelle grille, installée depuis septembre 2014, couronnée de succès. La matinale de

Patrick Cohen était devenue la première de France, l'interview de Léa Salamé était le rendez-vous «incontournable» des politiques, des artistes et des penseurs, Nagui, que j'avais convaincu de rejoindre le service public, avait su conquérir le public. Je ne pouvais que me féliciter d'avoir confié à Laurence Bloch la chaîne phare de Radio France. Celle qui avait passé jusque-là sa carrière dans l'ombre des autres était la révélation de mon équipe. La mue s'était opérée avec succès entre l'ancienne adjointe chargée des mauvaises nouvelles et des décisions impopulaires et la directrice de plein exercice qui asseyait son management avec autorité, écoute et prise de risques.

La rumeur

« Tu sais quoi, on me dit que Mathieu est l'amant d'Emmanuel Macron. » C'est l'un des camarades d'école d'Antoine, Jason, l'un des seuls à connaître sa vie amoureuse, qui lui fit cette confidence, à l'hiver 2016.

La polémique sur le bureau en palissandre était loin derrière moi et l'enquête préliminaire concernant des contrats litigieux passés à l'INA faisait du surplace rue du Château-des-Rentiers. Lors de notre traditionnel appel du soir, Antoine avait partagé avec moi cette confidence de Jason, lequel avait organisé sa vie entre Bordeaux et Paris lui aussi, entre plusieurs amants parisiens, de préférence plus âgés et socialement bien installés.

— C'est l'un des mecs de Jason, qui est prof dans le XVIe, qui lui a raconté ça, m'expliqua Antoine. C'est ce qu'on dit dans le petit milieu de pédés intellos qu'il fréquente.

— On m'a dit que ce bruit courait aussi dans les rédactions d'Inter et d'Info, lui répondis-je. Ça me remonte. Laurent Guimier est venu m'en parler, car il connaît ma vie et il sait aussi tout ce que Paris peut propager comme méchancetés.

— Mais ça vient d'où d'après toi, tu le connais bien Macron ? m'interrogea Antoine.

— Même pas. Je l'ai vu deux ou trois fois, bonjour-bonsoir, c'est tout. On a pas mal d'amis en commun, c'est vrai, on a le même âge, mais je n'ai jamais eu affaire à lui quand il était à l'Élysée, et c'est pareil depuis qu'il est à Bercy. Même l'enquête de l'IGF sur le bureau et mes frais personnels, il n'y est pour rien, c'est Hollande qui l'avait déclenchée.

— Mais c'est quand même emmerdant cette rumeur. Elle est pas faite pour t'aider, et lui encore moins !

— Oh, moi tu sais, je m'en fous, si ça les amuse. Depuis que je vis avec toi, je ne me suis jamais caché et si les gens sont un peu observateurs, mon chéri, ils peuvent bien voir que de vous deux, c'est toi le beau gosse !

Je souriais de cette comparaison tout à l'avantage d'Antoine qui n'avait pas imaginé un seul instant se trouver en rivalité avec le ministre de l'Économie.

Lui et moi partagions très largement des opinions et sensibilités politiques, plutôt de droite libérale mais tempérée. Alain Juppé était notre candidat commun pour la présidentielle de 2017. Il avait profondément changé Bordeaux, il était remonté sur le ring national couturé des coups que lui avait portés la justice, il avait gagné la sagesse des vieux combattants que l'âge rend plus attentif aux autres.

Emmanuel Macron n'était personne, à mes yeux, un de ces énarques que le système français propulse, avant l'âge, du monde des affaires à la politique après un parcours sans faute dans la haute fonction publique. Je l'avais vu pour la première fois lors d'une représentation au théâtre du Vieux-Colombier, c'était, de mémoire, en 2013. Le jeune secrétaire général-adjoint était déjà habitué aux portraits pleine page dans la presse nationale. J'étais allé, avec Alexandre, voir *Hernani*, et nous nous étions retrouvés nez à nez avec le couple Macron. Les articles louangeurs avaient révélé que, par-delà son intelligence et sa vivacité d'esprit, le collaborateur de François Hollande était moins lisse que son CV pouvait le faire croire. Sa singularité avait un prénom, Brigitte, et un âge, de vingt-quatre ans supérieur au sien. Elle avait été sa professeure, puis son amante, elle était devenue sa femme.

— Je me souviens très bien de cette scène, racontai-je au téléphone à Antoine. On était en train de récupérer nos places quand Alex m'a dit : « Tiens, voilà le conseiller de Hollande dont *Le Monde* a fait un grand portrait. Et à côté, ce doit être sa femme, son ex-prof ». On s'était salués de la tête, Macron et nous. Il était habillé avec un velours côtelé marron et une veste en simili tweed. J'avais pensé : « Mais qu'il fait papy ! En tout cas, plus vieux qu'elle dans le look ».

Je ne peux pas dire que j'avais succombé au charme *old school* de celui que personne n'imaginait alors, à l'Élysée, ailleurs que dans une soupente de cabinet. La rumeur qui me revenait en était d'autant plus incongrue.

« Et puis, il aime une femme plus âgée et moi un gars plus jeune, franchement, ça ne colle pas du tout ! » lançai-je à Antoine, en ironisant sur notre situation respective.

La discussion en était restée là quand, quelques jours plus tard, Jean-François Dubos m'avait envoyé un nouveau signal d'alerte, cette fois en provenance de l'Opéra de Paris. Il assistait à une représentation parrainée par l'AROP, l'association des mécènes de l'opéra dont il était membre quand, pendant l'un des cocktails d'entracte, il avait entendu la voix portant haut et fort de Philippe Villin raconter à qui voulait l'entendre – et même à ceux qui ne le voulaient pas – qu'Emmanuel Macron était l'amant de Gallet, le patron de Radio France.

J'avais croisé Philippe Villin quelques années auparavant, quand je m'occupais des dossiers médias au ministère de la Culture. Ancien inspecteur des finances, ancien directeur général du *Figaro* du temps de Robert Hersant, banquier d'affaires, longtemps homosexuel dans le placard qui, depuis qu'il en était sorti, aurait pu jouer le septième membre des Village People, le *macho man* en costume trois-pièces.

Me revint alors une scène que je ne pus m'empêcher de décrire à Antoine par le menu.

« C'était au moment des états généraux de la presse, en 2008. Villin est un proche de Sarkozy et il avait participé à quelques réunions de préparation de la réforme qui devait remettre à plat tout le système d'aides à la presse. Il était venu déjeuner au ministère de la Culture. J'étais présent aux côtés de Christine Albanel, de son directeur de cabinet et directeur-adjoint. Et alors que nous attaquions le plat principal, l'ancien DG du *Figaro* confia à notre tablée qu'il était tenu par avance informé des mouvements de grève de l'imprimerie du journal de référence de la droite par l'un de ses amants, ouvrier du Livre CGT. Il avait agrémenté cette anecdote de précisions intimes qui avaient mis la ministre un peu "versaillaise" sur le sujet, dans l'embarras, et qui m'avaient fait piquer du nez dans mon assiette pour ne pas rire de la scène. »

Philippe Villin avait gagné au printemps 2016 une petite notoriété publique en publiant dans *Le Figaro* une tribune au vitriol contre Macron, « Macron, Macronmania ou hallucination collective ». C'était déjà un récidiviste de l'anti-macronisme puisqu'il avait envoyé, durant l'hiver 2015, au directeur du même *Figaro* un SMS pour dénoncer le soutien que son journal apportait au ministre de l'Économie de François Hollande contre les frondeurs du PS. « Absurde de faire de Macron une victime ! S'il est libéral, il n'avait rien à faire chez les socialistes. C'est juste un collabo. On le fusillera politiquement à la libération en mai 2017 ! » Sauf qu'il avait envoyé par erreur ledit SMS à Emmanuel Macron lui-même !

«Bien reçu», avait alors répondu laconiquement le ministre[1]. L'animosité entre les deux inspecteurs des finances était depuis lors connue du Tout-Paris, faisant ainsi de Villin le suspect numéro un quand on chercha l'auteur de la rumeur me concernant.

Les semaines passaient et ces bruits revenaient à mes oreilles par intermittences sans jamais retomber. À la rentrée 2016, Emmanuel Macron fut le premier invité de l'émission politique de franceinfo TV. C'était un joli coup pour les rédactions de France Inter et du *Monde*, partenaires de l'émission. Un joli coup aussi pour l'ex-ministre de l'Économie qui venait de quitter le gouvernement Valls, quelques jours plus tôt. J'étais chez mes parents dans le Sud-Ouest pour fêter le premier anniversaire de ma nièce. J'avais évidemment regardé l'émission. Les ambitions de celui qui avait décidé de se consacrer pleinement à son mouvement En marche ! lancé au printemps 2016 ne faisaient plus de doute. Macron voulait peser sur la présidentielle – c'est ce que pensaient les naïfs –, voire se présenter aux suffrages des Français en 2017 – c'est ce que nous avions compris à l'écoute de la nouvelle émission. Plus son ascension médiatique et sondagière se précisait et plus les rumeurs concernant l'homosexualité du quasi-candidat se répandaient, bien au-delà du périphérique. J'en eus une nouvelle preuve.

---

1. *Le Monde*, 12 novembre 2015.

La sœur de ma mère, qui est aussi ma marraine et dont je suis proche – nous n'avons que seize années d'écart –, me raconta la scène qu'elle venait de vivre à la fin de l'été. En week-end à La Rochelle, lors d'un dîner chez des amis d'amis, l'un des convives avait lancé la discussion sur Macron qui avait fait avec sa femme la une de *Paris Match* en juillet.

— Vous savez, son couple, c'est une couverture, avait-il déclaré. En fait, il n'est plus depuis longtemps avec sa prof, il vit avec le PDG de Radio France. Ça, personne ne le dit, mais moi je le tiens d'un copain haut placé à Paris.

Chacun y était allé de ses avis, ses impressions, ses commentaires sur la vie cachée du président. Propos tous plus misogynes, homophobes et, disons-le, franchement plus beaufs les uns que les autres, à en croire le récit que m'en fit ma tante.

Restée silencieuse jusque-là, consternée par la teneur de la conversation, elle leur glissa simplement :

— Vous parlez de ce que vous ne savez pas. Le PDG de Radio France, c'est mon neveu. Et je connais sa vie, je connais le garçon avec qui il vit, et ce n'est pas Macron.

Les autres en étaient restés cois, probablement gênés de passer pour des affabulateurs, mais certainement pas déstabilisés pour autant.

Car c'est bien le problème des rumeurs, même sans fondement, elles s'appuient sur tout un tas de fantasmes, sur la crédulité des uns et l'arrogance des autres, ceux qui veulent faire savoir qu'eux savent.

Dans cette même veine, une nouvelle source m'informa des propos malveillants qui continuaient de se répandre. Cette fois-ci, ils m'étaient rapportés par l'une de mes anciennes patronnes devenue une amie. Sandrine exerçait toujours ses talents de commerciale redoutablement efficace dans le secteur des médias. Elle s'était retrouvée, au cœur de l'automne 2016, à dîner elle aussi chez des amis, à Paris cette fois, avec l'un des fondateurs de *Mediapart*.

— Vous savez que Macron est gay ? En fait, il a une double vie avec un homme en vue, le patron de Radio France » lança-t-il aux autres convives.

— Je ne sais pas pour Macron, mais en ce qui concerne Mathieu Gallet, je le connais depuis vingt ans, et je peux te dire que tu fais fausse route. Il vient même dîner à la maison avec son petit copain qui est étudiant en école de commerce, lui répondit Sandrine.

— Moi, je te dis qu'il a une liaison avec Macron, insistait l'auteur. Et d'ailleurs ça va sortir, y a des photos d'eux qui circulent.

— Je ne te crois pas. Je connais Mathieu, et Macron, je vais te dire, c'est pas du tout son genre.

— J'ai des informateurs très haut placés, à Beauvau. On sait même qu'ils se donnent rendez-vous au Raphaël. Ça va sortir, attends quelques jours et tu verras les photos.

Ce dialogue de sourds, Sandrine nous l'avait raconté sous le sceau de la confidence un soir où Antoine et moi dînions chez elle et son mari, dans leur bel appartement bourgeois du VIIe arrondissement, un soir de l'automne 2016.

La situation devenait gênante car pas une semaine ne passait sans que quelqu'un nous parlât de la rumeur. Ce n'était plus seulement un bruit du microcosme parisien, mais un potin colporté partout sur le territoire. La scène rapportée par ma tante en était la preuve. Des dîners de la bonne bourgeoisie de province aux soirées de l'Opéra de Paris, la liaison Macron-Gallet était le sujet qu'il était de bon ton d'aborder pour montrer qu'on était informé des derniers secrets de la République.

Le pire était à venir. Personne ne savait que l'un de mes cousins travaillait auprès de Mimi Marchand, la patronne de l'agence de presse Bestimage. La papesse des paparazzi était venue en renfort de la pré-campagne du candidat Macron quand il s'était agi de donner une stature présidentielle au ministre de l'Économie, à lui et à son couple. Un couple qui étonnait, qui détonnait et donnait lieu à maints commentaires. Il fallait raconter l'histoire de cet amour singulier, mettre en images cette singularité dans ce qu'elle avait de plus classique quand un homme et une femme s'aiment. C'est ainsi qu'étaient sorties dans *Paris Match* les photos faussement volées du couple Macron sur une plage de Biarritz, à l'été 2016. L'un dissimulait une silhouette légèrement relâchée sous un polo trop grand quand l'autre offrait aux regards une sveltesse enviable dans un maillot échancré. Comme dans mon souvenir au

Vieux-Colombier, le plus *vintage* des deux n'était pas celui que l'on croyait !

— Il faut que je te prévienne, m'avait averti Thomas, mon cousin journaliste. Des paparazzi sont positionnés autour de chez toi. On a reçu des images à l'agence. J'ai vu tes allées et venues, et celles des personnes qui entrent dans ton immeuble.

— Qu'est-ce qu'ils cherchent ?

— Macron pardi ! Tu ne vas pas me dire que tu n'es pas au courant de ce qui se raconte dans Paris ? Toute la profession est à la recherche d'images prouvant votre liaison.

Je restai sans voix. Je n'aurais pas pu imaginer, quelques mois plus tôt, quand on m'avait rapporté cette rumeur, que mon domicile deviendrait ainsi la cible des photographes à scandale. J'en déduisais que j'étais aussi suivi à d'autres moments de ma journée.

— Calme-toi, cousin. T'es pas Claire Chazal non plus ! Ils s'en foutent de toi, t'es pas *bankable*. C'est juste Macron qu'ils veulent *catcher*.

— Ça va trop loin, Thomas. Qu'est-ce que vous pouvez faire ?

— Rien. Mimi pense que finalement, comme ces gars ne trouveront rien, c'est la meilleure façon de prouver qu'il n'y a rien.

L'argument était assez imparable, mais je ne pouvais pas le reprendre à mon compte quand on venait me demander si j'étais au courant de ce qui se disait sur moi et le futur candidat à la présidentielle.

Quelques semaines plus tard, j'étais invité à déjeuner par une connaissance de longue date, patron d'une chaîne de télévision et *go between* bien connu du Landernau parisien. Je m'étais dit, avant de répondre favorablement à cette invitation : « Si Pascal m'invite à déjeuner, c'est qu'il a certainement quelque chose à me demander. Rien n'est jamais gratuit avec lui, même quand il paie l'addition à la fin ! »

C'est en effet Pascal Houzelot, le fondateur de la chaîne gay Pink TV, ancien lobbyiste de TF1 et alors à la tête de Numéro 23 « la chaîne de la diversité », qui m'avait convié à sa table, à *La Société*, en face de l'église Saint-Germain-des-Prés.

— Il faut que je te dise, m'entreprit-il en regardant à droite et à gauche qui était assis à côté de nous et en baissant la voix. Emmanuel et Brigitte sont très embêtés. On leur a rapporté que dans Paris tu t'amusais de la rumeur sur ta liaison avec lui.

Il était vrai que j'avais pris jusque-là toute cette histoire avec légèreté et même amusement, tellement elle me paraissait farfelue.

— Mais tu sais, Pascal, je les connais à peine les Macron, lui répondis-je. Elle, elle m'embrasse quand je la vois, lui me serre chaleureusement la main, et c'est vrai qu'il est très tactile, mais voilà tout. De là à construire des histoires abracadabrantesques… Et tu es certainement très bien placé pour savoir que Macron, c'est pas mon style du tout. Alors dis-leur, toi, que cette affaire m'agace autant qu'eux.

— Je sais, mais on leur dit que toi, ça ne te déplaît pas, ce qu'on raconte.

— Mais que veux-tu que je fasse, que j'aille au 20 heures de TF1 comme l'a fait Isabelle Adjani pour démentir en direct qu'elle n'était pas morte du Sida ?

— En tout cas, je voulais te prévenir qu'ils ne sont pas contents, et on pense qu'il faudrait que vous vous montriez tous les trois ensemble pour dissiper tout malentendu.

— Tu veux qu'en mode Dominique Baudis, le front inondé de sueur, j'aille dire que « la calomnie, je vais la prendre à la gorge ? » Tu sais bien ce qu'on dira : il n'y a pas de fumée sans feu !

— J'ai une idée, lança Pascal, faussement spontané. On va organiser un dîner avec les Macron, Antoine et toi, Stéphane Bern, moi, Bernard Montiel et quelques autres amis gay dans un resto en vue, et on préviendra des photographes avant pour qu'ils nous *shootent* à la sortie, et pour montrer que vous êtes amis, rien de plus. Et que les Macron ont plein d'amis gay.

Je haussai les épaules. Puis j'ajoutai :

— Tu sais bien qu'on peut faire dire aux photos l'inverse de ce qu'elles sont supposées représenter. Je vois déjà les commentaires détournés sur nous quatre : «*Dîner chaleureux à l'hôtel Costes, Emmanuel et Mathieu, une amitié particulière sous le regard bienveillant de Brigitte accompagnée pour l'occasion d'un jeune homme sensible !*»

Pascal fit une moue approbatrice.

— C'était une idée de Mimi mais tu as raison, c'est pas une bonne idée.

Je pensais l'avoir convaincu de l'inanité de cette entreprise et ajouta :

— Et puis, c'est son problème, pas le mien. Moi, les gens s'en foutent, c'est lui qui est dans le viseur maintenant qu'il est candidat. Je vais te dire, c'est pour elle que ça m'emmerde, et pour Antoine. Eux deux, ils n'ont rien demandé à personne. Moi non plus d'ailleurs.

Le soir venu, je racontai à Antoine mon déjeuner avec Pascal qui avait revêtu pour l'occasion la pourpre cardinalice des *monsignori* d'avant conclave.

— J'imagine très bien la scène de messes basses à *La Société* ! s'écria-t-il en riant. C'était lumineux cette idée de dîner avec les Macron, lu-mi-neux ! Je sais bien, ajouta-t-il avec ironie, que ce n'est pas d'un énarque de presque quarante ans que peut venir la concurrence…

À bien y réfléchir, ce dîner à l'hôtel Costes aurait peut-être sauvé ma carrière dix-huit mois plus tard. Mais n'anticipons pas la suite de notre histoire.

On prête tellement de liaisons et de conquêtes aux hommes de pouvoir qu'il pouvait paraître incongru que celui-ci n'en ait aucune. C'était l'un des mystères de l'ancien ministre de l'Économie. Je percevais comme sous-jacent à cette rumeur un fond rance d'homophobie, auquel s'ajoutait une misogynie tout aussi détestable, construite sur le refus de croire à l'amour entre un homme jeune et une femme plus âgée. Plus sournois encore, en laissant accroire que l'homme politique qui cacherait la nature de ses penchants mentirait à la France comme il mentait à sa femme.

Ces bruits nauséabonds me rappelaient l'affaire Markovic qui avait sali le couple Pompidou dans les mois qui précédèrent l'élection présidentielle de 1969. Il s'agissait déjà de ragots d'ordre sexuel, sur fond de cadavre retrouvé dans une décharge, de personnalités du showbiz et de photomontages grossiers de parties fines imaginaires. J'éprouvais, comme je l'ai dit, une grande admiration pour Georges Pompidou. Coincé entre la figure tutélaire du général de Gaulle et l'image moderniste de Valéry Giscard d'Estaing, il n'avait longtemps été pour moi qu'un président de la République mort en exercice. Plus tard, quand j'eus un peu renforcé ma culture politique, j'avais découvert grâce à l'INA une séquence devenue célèbre de la première conférence de presse de Pompidou à l'Élysée, en septembre 1969. Le nouveau Président était interrogé sur un fait divers, la condamnation puis le suicide d'une professeure de français qui avait entretenu à Marseille une liaison avec l'un de ses élèves, mineur. Le normalien Pompidou avait alors cité Paul Éluard pour exprimer sa pensée sans avoir à commenter ce qu'on appelait alors « l'affaire Gabrielle Russier ».

C'est ma mère qui m'avait raconté cette histoire d'amour qui divisa la presse et l'opinion publique de cette fin des années 1960. Et puis la chanson de

Charles Aznavour *Mourir d'aimer* et le film du même nom d'André Cayatte avec Annie Girardot avaient fini de rendre célèbre cet amour impossible à la fin tragique.

Je voyais dans l'histoire du couple Macron celle d'une affaire Russier qui aurait bien fini. Je dois même avouer avoir une certaine admiration pour cette femme, Brigitte Trogneux, qui a dû prendre tous les risques, braver tous les interdits, subir toutes les vilénies pour vivre l'amour qui la liait à son ancien élève. La situation pour le jeune Emmanuel était plus simple, et plus enviable.

Qui n'a pas été plus ou moins secrètement amoureux de l'un(e) de ses professeur(e)s ? Je me souviens de ma professeure de français de quatrième, une Toulousaine qui avait exercé pendant quelques années dans ce territoire rural lot-et-garonnais où j'ai grandi et qu'elle dénigrait un peu. Elle m'avait donné le goût de la lecture, des lettres anciennes et de l'Antiquité. Elle-même collectionnait des objets romains et étrusques, qu'elle m'avait montrés un après-midi où elle m'avait invité à prendre le thé chez elle. Nous nous sommes écrit ensuite pendant des années, au lycée puis pendant mes études à Bordeaux, en hypokhâgne et à Sciences Po. Avec les années, notre correspondance s'était espacée. Mais après ma nomination à Radio France, je reçus une lettre postée de Toulouse où, d'une petite écriture à l'encre bleu clair, mon ancienne professeure de français du collège de Monflanquin m'écrivait qu'elle gardait les meilleurs souvenirs d'un élève dont le parcours faisait aujourd'hui sa fierté.

Je connaissais donc la confusion des sentiments de l'élève pour son professeur. Je peux mesurer combien ces sentiments peuvent donner élan, confiance et assurance à celui qui sait qu'ils sont partagés. Je peux comprendre quelle chance Emmanuel a eue d'être aimé de Mme Auzière, et comment Brigitte a pu créer Macron.

Un dîner presque parfait

« Non, pas du tout, il ne m'avait rien dit. »

J'avais sorti depuis quelques minutes mon iPhone à table – ce qui est très impoli – et je pianotais, à grand renfort de copier-coller, pour répondre aux messages qui tombaient les uns après les autres.

Michèle Reiser, qui était habituée à me voir toujours attentif à l'heure des repas, s'étonnait de m'observer soudain absorbé par cette tâche répétitive.

— Quelque chose de grave, mon Mathieu ? me demanda-t-elle, intriguée.

Jean-Claude Gaudin, à ma gauche, se laissait servir, calé au fond d'un large fauteuil qu'il ne quitterait qu'en fin de soirée pour prendre congé de l'aimable tablée.

Richard Pezet, homme de cinéma que j'avais connu au tout début de ma carrière, chez Pathé, était lui aussi venu de Marseille et nous attendions Lambert qui nous rejoindrait seulement en milieu de repas après une dernière répétition de son prochain spectacle.

Michèle Reiser était devenue une amie de longue date depuis que nous avions fait connaissance dans le cadre professionnel, au milieu des années 2000. Elle avait été nommée par Jacques Chirac au Conseil supérieur de l'audiovisuel un an après que j'eus rejoint la direction des relations extérieures de Canal+. Elle avait suivi mon parcours depuis tout ce temps, et il se trouvait que le même CSA l'avait désignée, dix ans plus tard, comme administratrice indépendante au sein du conseil d'administration de Radio France. Nous partagions le même goût de la musique classique, nos souvenirs d'études à l'une et à l'autre à Bordeaux et notre attachement au bassin d'Arcachon où elle se rendait depuis son enfance, elle aussi. Des effluves mêlés de laque et d'un Guerlain capiteux annonçaient toujours la présence de Michèle. Ce soir-là, ils allaient et venaient de la cuisine vers la salle à manger, et vice versa. Michèle semblait heureuse de réunir autour d'elle, chez elle place Saint-Germain-des-Prés, ses *boys* de tous âges venus de Paris et de Marseille, pour elle.

— Je viens de voir sur Twitter qu'il en a parlé. Qu'il vient de parler de la rumeur en arrivant en *guest star* d'un meeting de ses soutiens, lançai-je à la petite assemblée qui me regardait toujours en train de pianoter sur mon portable.

— Mais de qui parles-tu Mathieu? insistait Michèle.

— De Macron! Il est à Bobino ce soir et des copains journalistes viennent de m'écrire qu'il a sorti une bombe, en parlant des rumeurs sur sa double vie, et donc de moi.

— Vous en aviez parlé ensemble ?

— Non, jamais. On n'en a jamais parlé parce que pour moi ça n'a jamais été un sujet. Et puis c'est quand même délicat, et très violent pour sa femme.

— Il aurait quand même pu vous prévenir, mon cher Mathieu, tonna le maire de Marseille en laissant traîner son « chèèreu Mathieu » de son accent rocailleux.

J'étais perturbé par les SMS que je recevais d'amis, ou prétendus amis, journalistes qui venaient aux nouvelles ou attendaient un commentaire. Je regardai un instant sur Twitter, où les réactions, les retweets et les like pleuvaient depuis une quinzaine de minutes. Je me résolus à ranger mon portable dans la poche intérieure de mon costume pour ne plus me laisser distraire par les informations en provenance de Bobino. Mais Michèle, assise en face de moi, comprit à mon visage soudainement fermé que la mise sur la place publique de ce qui n'était qu'une rumeur du milieu me gênait. Non pas que j'aie cherché à cacher ma vie privée – la présence d'Antoine à mes côtés depuis plus de deux ans désormais ne laissait place à aucune ambiguïté –, mais je faisais partie des tenants du « droit à l'indifférence ». C'est mon côté vieux jeu qui ressortait une fois de plus. Je préférais que ma vie privée reste privée. Ni dissimulation ni revendication pour ce que je considère comme banal : l'amour entre deux personnes du même sexe.

Le dîner se poursuivit. Jean-Claude, comme à son habitude, nous régalant de ses anecdotes sur presque cinquante ans de vie politique. Avec son œil matois et sa parole lente et leste à la fois, il dressait des portraits bien troussés de ses « amis » politiques, aussi cruels qu'amusants. Au rang des personnalités locales, « la dame d'Aix » en prenait pour son grade à peu près autant que l'ancien maire de Bordeaux, candidat malheureux de la primaire de droite contre lequel il gardait une dent féroce.

Quand Lambert Wilson rejoignit notre assemblée, au moment où Michèle nous servait sa blanquette de veau, la discussion revint immédiatement sur la déclaration de Bobino.

— Mais qu'est-ce qui lui a pris ? Vous vous étiez concertés avant ? demanda celui que j'avais trop longtemps identifié comme le flirt trop vieux et trop vaniteux de Vic, dans *La Boum 2*, un film de 1982 dont je connaissais à peu près tous les dialogues après l'avoir vu une bonne dizaine de fois sur la VHS de ma petite copine d'un été, au temps de mes années de collège.

— Non, jamais, répétai-je. Et d'ailleurs nous nous connaissons assez peu. Lui et sa femme Brigitte sont sympathiques, chaleureux quand on se croise mais voilà tout, répondis-je à Lambert dont la carrière cinématographique s'était avantageusement enrichie depuis son premier film.

— Mais pourquoi avoir voulu en parler ce soir ? poursuivit-il.

— Certainement parce que son staff de campagne a vu que la rumeur prenait de l'ampleur sur les réseaux sociaux depuis quelques jours.

— Mais il aurait pu vous prévenir mon "chèèreu Mathieu", ce n'est pas très "correcteu", reprit Jean-Claude.

— Ah, la bienveillance ! Ce n'est pas à vous, cher Jean-Claude, que je vais apprendre les manières des politiques, même ceux qui veulent nous convaincre qu'ils ont des pratiques différentes. Je ne crois pas au nouveau monde en politique. Mes parents ont peut-être cru en 1981 qu'on allait passer « de l'ombre à la lumière », mais moi je n'y crois pas. En politique, tout est permis et cette affaire en est la parfaite illustration.

En s'immisçant dans la conversation, Michèle rappela à tout le monde ce que Lambert avait péniblement enduré une dizaine d'années auparavant, la prétendue liaison qu'il aurait entretenue avec Dominique de Villepin, alors Premier ministre. C'était avant les réseaux sociaux, au mitan des années 2000, mais ce bruit n'avait pas vraiment franchi le périphérique.

Le rapprochement avec la rumeur qui faisait office de sujet principal de notre soirée n'en était que plus troublant : dans les rédactions, mais aussi les dîners en ville, il se colportait que Dominique de Villepin, dernier Premier ministre de Jacques Chirac et potentiel candidat à la présidence de la République en 2007, avait quitté femme et enfants pour vivre avec un célèbre acteur, Lambert Wilson. Pendant de nombreux mois, et avant que la crise du contrat première embauche (le CPE, un cas unique sous la Vᵉ République d'une loi votée mais que le président de la République renonça immédiatement à promulguer) ne vienne réduire à néant tout espoir du Premier ministre d'un destin présidentiel, le bruit persistant s'était répandu de cette double vie entre le flamboyant Galouzeau de Villepin et l'éternel gendre idéal Lambert Wilson. Le sous-texte était clair, c'était l'histoire privée de l'homme dont le mensonge sur sa vie intime éclaire d'une lumière sombre le politique qui dissimule forcément ses mauvaises intentions sous un jour public plus favorable. La même logique qui avait présidé à la création de toutes pièces d'une prétendue relation homosexuelle entre le candidat Macron et moi.

Lambert semblait avoir été affecté à l'époque, d'autant que la rumeur avait continué de se diffuser longtemps après le départ de l'hôte de Matignon. Il était convaincu que ce bruit aux relents homophobes venait du propre camp de l'ancien Premier ministre, ce que Jean-Claude, avec sa longue expérience des pratiques politiciennes, se garda de démentir. Il s'était senti sali, sa vie privée ou supposée privée se retrouvant sur la place publique sans qu'il ait de moyen de la démentir – comment démentir un mensonge ? –, pris dans les rets de règlements de comptes politiques qui le dépassaient.

Je l'écoutais, ne perdant pas un mot de ce flot de paroles trahissant une colère d'homme blessé. Dix ans plus tard, l'histoire se répétait.

Jean-Claude, fatigué, fut le premier à se retirer peu après 23 heures. Une fois les infusions servies, je manifestai moi aussi auprès de Michèle mon envie de ne pas prolonger la soirée. Je me sentais déjà ailleurs, déjà à demain, à préparer des « éléments de langage » comme l'on dit en politique pour désigner ces phrases conçues d'avance pour répondre à une situation donnée. Nous remerciâmes tous Michèle pour son accueil et sa cuisine de famille toujours aussi savoureuse. Je rentrai seul à pied, traversant la Seine et marchant sur les quais en regardant à nouveau Twitter. Je me sentais désemparé, la situation m'échappait. J'en voulais à Macron de ne pas m'avoir prévenu, de m'avoir considéré comme quantité négligeable. À la fin, moi aussi, comme sa femme, j'étais une victime collatérale de tout ce bruit et de toute cette fureur comme seules les campagnes présidentielles savent en engendrer. Mais je ne mesurais pas combien ces ragots allaient me coûter cher. Il fallut un an pour que je le vérifie à mes dépens.

Mais pourquoi lui ? Mais pourquoi moi ?

Pourquoi cette rumeur? Pourquoi lui ? Pourquoi moi ? D'où vient-elle et qui a intérêt à l'entretenir ?

Toutes ces questions, je me les suis posées pendant cet hiver 2016-2017. Pour essayer de comprendre ce qui n'était ni vrai ni possible. Mais pouvait paraître néanmoins crédible en raison de certaines similitudes.

Le premier point commun, c'est l'âge. Emmanuel Macron et moi sommes nés en 1977, l'un en décembre et l'autre en janvier. Nous sommes parvenus jeunes à des postes de responsabilité, visibles et par ailleurs politiques (même si diriger une entreprise publique ne revient pas à exercer directement une responsabilité de cet ordre). Nous avons fait de bonnes études, mais si l'un a le *cursus honorum* quasi parfait de l'élite parisienne (ne manque que Normale Sup, le seul échec connu dans le parcours sans faute de Macron), l'autre a suivi tout au plus l'itinéraire d'un bon élève qui s'élève au-dessus de son milieu social. Après ma cousine germaine directrice d'école, je ne suis que le deuxième de ma famille à avoir fait des études supérieures, alors que celle du futur président de la République est peuplée de médecins, d'ingénieurs et de professeurs.

Notre deuxième point commun, c'est le physique. Dans nos univers respectifs, les médias pour l'un et la haute fonction publique pour l'autre, nous avons été qualifiés de « beaux gosses », attirant l'attention et le regard des autres.

Ma mère avait trouvé une autre similitude entre son fils et le désormais candidat à la présidence de la République : le rôle de nos grand-mères maternelles. On sait pour Emmanuel Macron combien sa grand-mère Germaine Noguès, professeure puis principale de collège, a compté dans sa formation intellectuelle en lui donnant le goût des lettres. Il en allait de même pour moi. Ma grand-mère Geneviève Frankoual, qui n'avait pourtant pas fait d'études mais qui est une grande lectrice et chez qui je passais enfant la plupart de mes vacances, on l'a vu, avait joué un rôle fondamental dans la façon dont je m'étais construit jeune homme. C'est chez elle, près du lac de Cazaux, que je me suis décidé – « Enfin ! » avait ajouté ma mère – à lire les classiques de la littérature française, après avoir appris par cœur *Les Aventures de Tintin*, quasi unique objet de lecture jusqu'à mes 14 ans.

Emmanuel Macron était un élève singulier dans ses classes, en avance. Je me retrouve dans ces mêmes jugements de mes professeurs, de mes camarades, des adultes qui m'entouraient. Je me sentais décalé avec les gens de mon âge, en particulier les autres garçons.

J'étais différent car j'étais meilleur élève, parce que je ne parlais pas comme parlaient les adolescents, avec mon vocabulaire élaboré, parce que je ne m'habillais pas comme eux, parce que je n'avais pas les mêmes centres d'intérêt. J'aimais la compagnie des adultes et j'avais hâte d'être des leurs. Dans les livres parus sur Emmanuel Macron, on lit ce qu'ont dû être son enfance, son adolescence, ce qu'il a pu connaître comme sentiments de solitude, de décalage, de différence. Mais Macron était premier de la classe quand j'étais davantage habitué à la place de troisième.

Autre point en commun, la séduction qu'on nous prête. Tout a déjà été dit et commenté sur cet Emmanuel Macron charmeur, sur ses yeux qui vous percent, sur ce sentiment qui vous envahit en sa présence, où vous êtes soudain pour lui, pour un instant, la personne la plus importante au monde. On connaît les noms et le nombre des victimes qui ont succombé à ses charmes, de ses années de formation à celles de son ascension. On pourrait même considérer qu'ils ont opéré sur les 8 656 346 électeurs qui lui ont permis d'arriver en tête du premier tour de l'élection présidentielle en avril 2017.

Pour ce qui concerne ma propre envie de séduire, je ne saurais dire s'il s'agit de conforter un égo qui doute, d'un narcissisme exacerbé ou bien d'un profond sentiment de devoir être aimé pour combler je ne sais quel manque d'amour dans ma jeunesse. Je me garderais bien de me lancer dans une explication encore plus hasardeuse sur la psychologie d'Emmanuel Macron en usant d'une analogie spécieuse.

Une fois ces parallèles rapidement établis, qui n'étaient pas minces mais ne prouvaient rien, la question subsistait : « Pourquoi moi ? Pourquoi m'avoir choisi pour inventer une histoire qui pouvait être crue mais qui n'était pas vraisemblable ? »

On en revenait au soupçon d'homosexualité. Je n'étais ni un *role model* ni un militant de la cause. Je l'ai déjà écrit, je suis de la vieille école prônant le droit à l'indifférence. Ni caché ni revendiqué. Je n'ai jamais parlé de ma vie privée en public. Cependant, à 30 et quelques années, dans une position sociale enviable, « beau gosse » et toujours célibataire, nul besoin d'être devin pour avoir compris. Les temps n'étaient plus, fort heureusement, où la presse pouvait écrire des périphrases sur « ce célibataire endurci auquel on ne connaît pas de conquêtes » pour portraiturer un uraniste honteux. C'était d'ailleurs un journal, *Le Monde*, qui avait révélé dans le premier portrait consacré au nouveau président de Radio France, en mai 2014, que je fréquentais « les garçons ». J'avais trouvé indélicat que la journaliste Raphaëlle Bacqué, dont j'apprécie toujours le travail et les mots, eût glissé cette référence à ma vie personnelle dont nous n'avions jamais parlé lors de nos échanges. D'autant plus qu'elle avait extrapolé, en me prêtant une existence que je n'avais pas dans la période – mes années Canal+ –, en décrivant une double vie de cadre en entreprise le jour et de noceur impénitent la nuit. Mes parents avaient, quant à eux, qualifié l'article de totalement déplacé. Question de perspective, de sociologie et de géographie entre Paris, mon relatif anonymat dans un milieu favorisé, et leur campagne lot-et-garonnaise, celle d'un village de deux mille cinq cents habitants où le qu'en-dira-t-on a toujours son importance.

Pour ce qui est d'Emmanuel Macron, le soupçon d'homosexualité n'était qu'une façon pour ceux qui voulaient lui nuire de donner à penser qu'il était faux dans sa vie personnelle comme il le serait dans sa vie politique. En 2015-2016, certains pensaient encore pouvoir bloquer l'ascension d'un homme politique en laissant courir le bruit de son homosexualité cachée. La manipulation pouvait paraître d'autant plus efficace que la vie sentimentale de l'ancien ministre de l'Économie n'était pas ordinaire.

Comme l'un de ses prédécesseurs, lui aussi cherchant à savoir si tout cela n'était pas vrai, feignit de s'interroger un jour auprès de moi : « Si la rumeur a pris, c'est bien qu'elle rencontre un questionnement sur sa vie privée. Ce n'est pas tant le fait que sa femme ait 24 ans de plus que lui, c'est qu'elle soit l'unique qui interpelle. »

Une main invisible m'avait choisi pour donner corps à une rumeur que je me retrouvais dès lors à devoir démentir avec les moyens de l'ignorant. J'en étais rendu à avancer les arguments les plus évidents pour démonter ce ragot. « Mais si c'était le cas, s'il était gay, on connaîtrait forcément quelqu'un qui a été avec lui. Avec les réseaux sociaux, on ne peut rien cacher, tout se sait aujourd'hui. Alors, comme on ne connaît personne, c'est qu'il n'y a eu personne. »

Pour qu'une telle histoire, si loin de toute réalité, pût être diffusée aussi largement qu'elle le fut au cours de cet hiver 2016, il fallut bien que quelqu'un l'eût écrite car le distributeur du libelle n'en faisait pas pour autant son auteur. Mais qui ?

Les soupçons se portèrent d'abord sur la droite sarkozyste, le banquier d'affaires Philippe Villin ayant largement contribué à répandre ce bruit, comme je l'ai déjà rapporté. Mais il convient de faire la distinction entre le copiste et l'artiste. À bien y réfléchir, les premiers à percevoir le danger Macron n'étaient pas ceux qui se préparaient à reconquérir le pouvoir dont les avait privés François Hollande quatre années auparavant. Pour eux, pour la droite, Macron était un nouvel aventurier politique parmi ces « gauches irréconciliables » qui ne comptaient plus leurs frondeurs. En revanche, ceux qui avaient pensé créer Macron pour s'en faire un allié dans leur conquête de l'Élysée avaient dû se rendre rapidement à l'évidence : la créature avait échappé à ses créateurs. Les naïfs de 2014 étaient devenus les sycophantes de 2016. L'entourage du Premier ministre Manuel Valls ne s'était d'ailleurs pas privé de relayer la première rumeur concernant l'homosexualité d'Emmanuel Macron, à qui l'on prêtait, dès 2015, une aventure avec l'un de ses gardes du corps[1].

1. *Le Grand Manipulateur*, *op. cit.*

La gauche avait enfanté son fossoyeur. Elle ne pouvait le croire, mais elle sentit quand même l'ambitieux prêt à toutes les audaces, toutes les transgressions, toutes les trahisons. Dans cette lutte à mort (politique), tous les coups étaient permis. Et tant pis pour les balles perdues, même celles qui allaient atteindre la « Maison ronde ».

Engrenages

« Bonjour mon chéri, c'est ta mamie. »

Ma grand-mère m'appelle régulièrement pour prendre de mes nouvelles et me donner des siennes. Au début de l'année 2017, elle approchait de ses 80 ans tout en en paraissant dix de moins. Geneviève, c'était un as du texto et des réseaux sociaux. On lui avait créé un compte Instagram pour lui permettre de suivre les activités de ses petits-enfants qu'elle ne se privait pas de liker et de commenter. Assise confortablement dans le grand fauteuil en cuir de son salon au style *seventies*, elle tapotait de préférence sur sa tablette, plus pratique que l'ordinateur de seconde main qu'on lui avait installé sur son bureau. Sa maison est située à une dizaine de kilomètres de celle de mes parents. Elle y vit depuis les années 1950 et rien n'a vraiment changé après les travaux d'agrandissement réalisés il y a cinquante ans, quand l'entreprise de charpenterie de mon grand-père connut un beau développement au point de le pousser à se lancer dans la construction de pavillons pour classe moyenne.

Bien que séparés depuis les années 1980, ils n'ont jamais divorcé, chacun vivant de son côté une vie amoureuse plus ou moins comblée. Lui était resté pour ses affaires et sa seconde famille à Villeneuve-sur-Lot, elle avait connu un exil doré sur le bassin d'Arcachon, dans une maison achetée en un week-end. *Zigomar*, c'était la maison où Geneviève et moi avons passé tant d'étés, de printemps et d'automnes ensemble, juste elle et moi.

« C'est l'homme de ma vie », avait-elle dit à Antoine en parlant de moi le jour où il avait fait sa connaissance. Il savait déjà à quel point ma grand-mère avait compté dans mon enfance. Mes goûts, ma sensibilité, mon regard sur les autres, cette causticité sans cynisme, ce sens des mots et des formules qui claquent, parfois blessantes, souvent drôles, c'était elle.

« Je t'appelle pour te dire que j'ai reçu un email bizarre », me confia-t-elle au téléphone. Un correspondant que je ne connais pas m'a envoyé un mail dans lequel on raconte que tu vis avec Emmanuel Macron ! Que cela faisait déjà plusieurs années que vous aviez une liaison secrète mais que des photos de vous deux en train de vous balader en forêt allaient bientôt sortir dans *Closer*. L'email dit aussi que sa source est très bien informée, un sénateur proche de Sarkozy très au fait de ce que savent les RG. C'est fou quand même qu'on puisse écrire pareilles sottises ! »

J'étais abasourdi d'apprendre que ma propre grand-mère de bientôt 80 ans, et qui vivait à plus de 600 kilomètres de Paris, était elle aussi ciblée par les colporteurs de mensonges.

Le 8 janvier 2017, je fêtai mes 40 ans. Antoine organisa un dîner en petit comité avec mes amis les plus proches et deux de mes anciens amours. Ils se cotisèrent pour m'offrir des figurines produites par Moulinsart à des prix insensés, valeurs refuges quand on ne sait pas quoi m'offrir – et qu'on a quelques économies à y consacrer. Le capitaine Haddock était donc venu tenir compagnie à la Castafiore, à plusieurs Tintin et à l'irremplaçable Milou dans la bibliothèque de mon salon.

Nous partions ensuite à Londres pour assister aux adieux à la scène de la soprano Renée Fleming. Celle qui avait marqué par sa présence scénique et sa voix de velours les plus grands rôles lyriques depuis la fin des années 1980 prenait sa retraite à l'issue des représentations d'une nouvelle fondation du *Chevalier à la Rose* de Richard Strauss, une œuvre qui fit sa légende. Cet opéra me hantait depuis ma rencontre avec Antoine. C'est une œuvre sur le temps qui passe, l'amour qui s'éloigne, la jeunesse qui attire la jeunesse. Dans le trio final, probablement l'une des plus belles pages de musique écrites pour des voix féminines, la Maréchale, le rôle central que joue et chante si admirablement bien Renée Fleming depuis une vingtaine d'années, confie sa détresse de devoir laisser partir son jeune amant dans les bras d'une jeune fille de son âge.

J'étais encore tout ému de cette soirée mémorable à Covent Garden quand, quelques jours plus tard, Michèle Reiser reçut à dîner ses « garçons », ce fameux 6 février 2017. Je trouvais l'air de la campagne de plus en plus lourd, pour ne pas dire irrespirable. Depuis deux semaines, les révélations du *Canard enchaîné* sur François Fillon envoyaient des rafales de plomb dans les ailes du candidat que d'aucuns imaginaient encore au début de l'année succéder à François Hollande. Emmanuel Macron, qui avait bien saisi ce temps de bascule de la campagne, allait en profiter pour crever l'abcès de la rumeur qui circulait sur lui, sur nous.

Deux semaines plus tard, je partis sur la côte Ouest avec mon équipe pour une visite des grandes réussites de la *tech* américaine. Seattle est le siège mondial de Microsoft, de Starbuck et d'Amazon. La dizaine de collaborateurs qui m'accompagnaient arrivaient tout juste par le vol de Paris quand nous débutâmes notre *learning expedition* par une journée chez Amazon. Le géant du commerce en ligne avait développé et commercialisé depuis quelques mois un boîtier connecté qui répondait à la voix par la voix. C'était le premier contact que nous, *Frenchies*, avions avec Alexa, l'enceinte intelligente qui s'est depuis lors vendue par centaines de millions d'exemplaires.

Notre visite se poursuivit dans la Silicon Valley, à la rencontre des gros fonds de capital-risque mais aussi de start-up et des incontournables GAFA : Google, Apple, Facebook.

Arrivée chez Google, à Mountainview, l'équipe de Radio France fut reçue en grande pompe. Des écrans géants souhaitaient la bienvenue au service public de la radio française. Sur ces terres californiennes où l'on vote démocrate, la radio publique américaine est très populaire et soutenue. En effet, NPR, comme son homologue pour la télévision PBS, vivent des dons des auditeurs mais ne bénéficient pas de financements publics comme c'est le cas en Europe avec la redevance. La «*French NPR*» et son CEO avaient droit à tous les égards. Dans le grand hall du siège de Google, l'équipe qui nous accueillait avait préparé une démonstration sur écran géant des recherches récentes de l'occurrence «Radio France» effectuées sur Google, qui affichait toute l'arborescence qui s'y rattachait. Soudain apparut «Radio France / Mathieu Gallet / Emmanuel Macron» avec une croissance des requêtes supérieure à 500 % sur les dernières semaines. Chacun de nous, parmi les Français, regarda les autres, gêné. Nos hôtes californiens ne comprirent pas tout de suite ce qui se passait devant notre mine fripée, bousculée par la vérité des chiffres. Sous nos yeux, avec ces pourcentages et ces graphiques, nous faisions le constat du retentissement numérique, et donc sociétal, des récentes déclarations d'Emmanuel Macron à Bobino. Ce n'était pas un hologramme qui lui avait échappé, c'était une bombe à neutrons qu'il avait lâchée.

Le lendemain, sur le chemin qui nous conduisait à Memlo Park, au nouveau siège de Facebook, toute l'équipe de Radio France avait l'oreille collée à l'application de franceinfo pour écouter en direct le ralliement de François Bayrou à Emmanuel Macron. Une photo a même immortalisé le moment. Elle sera en bonne place dans l'album souvenir de ce voyage.

La campagne bascula définitivement et les premiers sondages publiés les jours suivants vinrent confirmer que la dynamique avait changé de camp : François Fillon, candidat plébiscité à l'issue de la primaire de la droite, était en perdition, sous les tirs répétés semaine après semaine du *Canard enchaîné* qui apportait chaque mercredi une nouvelle fournée de révélations sur les pratiques douteuses de l'ancien parlementaire. Le renoncement de François Bayrou à une troisième candidature présidentielle et son ralliement à Emmanuel Macron propulsèrent l'ancien ministre de l'Économie aux portes du second tour : la famille centriste, pour la deuxième fois consécutive sous la Vᵉ République, choisissait de soutenir un candidat venu de la gauche. Parmi les figures centristes, l'ancien député européen Jean-Louis Bourlanges, figure intellectuelle bien connue des auditeurs de France Culture, apporta en toute logique lui aussi son soutien au candidat de En marche !

À peine rentrée de Californie, la directrice de France Culture Sandrine Treiner eut à prendre une décision désagréable tant la personne de Bourlanges était respectable et respectée mais néanmoins nécessaire : suspendre l'ancien eurodéputé de l'antenne. En effet, le soutien officiel d'un chroniqueur régulier de *L'Esprit public* à l'un des candidats à la présidentielle obligeait la chaîne à comptabiliser son temps de parole pour Emmanuel Macron n'ayant pas les moyens de le compenser vis-à-vis des autres candidats. Cette décision entraîna immédiatement un appel de François Bayrou à la directrice de France Culture pour se plaindre de cette mise en retrait forcée qu'il dénonçait comme une censure. De mon côté, Christine Albanel, une proche de Bourlanges elle aussi, m'appela pour me faire part de l'incompréhension suscitée par cette décision unilatérale de France Culture, tant le conseiller maître de la Cour des comptes forçait le respect autour de lui. Mais Radio France tint bon. Si j'avais prévenu l'Élysée, dès février 2014, via le conseiller du président David Kessler, que je ne souffrirais aucune pression du pouvoir après avoir été désigné par le CSA sous peine de la révéler, je n'eus aucune occasion de le faire. François Hollande, malgré les sollicitations, en particulier quand je m'étais séparé de quelques vieilles figures tutélaires de la gauche sur l'antenne de France Inter, tint parole en se gardant d'intervenir dans la gestion des médias publics. Mais l'opposition centriste incarnée par François Bayrou ne semblait pas s'encombrer de tant de précautions. L'opération « Il faut sauver le soldat Bourlanges » n'était qu'un avant-goût de cet interventionnisme.

La campagne entrait dans sa dernière ligne droite. Sous l'impulsion de franceinfo, l'Association des maires de France, la puissante AMF, organisait fin mars une journée de débat à la Maison de la radio où tous les candidats à la présidentielle venaient défendre leur projet devant les maires. L'ambiance était électrique au Studio 104. D'un côté, les extrêmes avaient prétexté d'autres engagements pour ne pas venir plancher devant les maires. De l'autre, François Fillon était poursuivi par les journalistes et les photographes tant sa situation paraissait intenable depuis sa mise en examen. Tout le microcosme était dans l'attente d'un signe ou d'un indice de renoncement de sa part. Quant à Emmanuel Macron, les sondages lui prédisaient désormais d'être qualifié au second tour avant de l'emporter devant Marine Le Pen. Ce 22 mars 2017, pour une journée, Radio France était le centre de la campagne présidentielle.

L'équipe du candidat Macron avait pris toutes les précautions en amont pour qu'il n'y ait pas d'occasion de relancer la machine à rumeurs. Nous étions déjà intervenus de concert quelques semaines plus tôt pour agir sur Google de manière à faire redescendre les occurrences Macron / Gallet dans le puissant moteur de recherche. Le directeur des relations extérieures de Radio France, Olivier Zegna Rata, était un proche du conseiller en communication du candidat, Sylvain Fort, deux normaliens qui se connaissaient du temps de la rue d'Ulm. Tous deux avaient veillé à ce qu'Emmanuel Macron et moi-même n'eussions pas à nous croiser devant la foule de journalistes postée devant et à l'intérieur de la Maison de la radio. Pour éviter les photos de lui et moi côte à côte, Monique Denoix, s'était engagée à ce que son patron ne vienne pas accueillir les candidats à l'entrée de Radio France, mais les salue à l'issue de leur échange avec les maires, en coulisses.

De toute façon, je ne tenais pas à passer ma journée à serrer la main des postulants à la fonction suprême. Mais l'équipe Macron était très inquiète à l'idée qu'on pût nous voir ensemble. Qu'à cela ne tienne, je ne vins échanger avec les candidats qu'au foyer des artistes, à l'arrière du 104.

— Ils sont vraiment sur les nerfs, me confia Monique, l'air soucieux. Pour vous dire, le directeur général de l'AMF s'est même fait enguirlander parce qu'il y avait un photographe en coulisses qui prenait des photos d'ambiance de la journée. Le staff de Macron a cru à un mauvais coup de la droite, parce que l'AMF est présidée par Baroin.

— Ça m'étonnerait. Ce sont de grands paranos. Baroin n'est pas non plus un fillonniste fanatique donc je ne vois même pas pourquoi il aurait donné cette consigne.

— Je suis d'accord, me répondit Monique. Non, le gars était là pour faire son travail, c'était quand même une journée importante dans la campagne et les maires n'étaient pas peu fiers d'en être le centre de gravité. Mais j'ai dû m'engager à ce que les photos entre Macron et vous soient détruites !

— Ils ne sont pas si rassurés alors, malgré les déclarations à Bobino…

— Vous savez, la tension monte, on est à un mois du premier tour.

— Macron était très concentré, lui, j'ai trouvé. C'était la première fois qu'on se voyait depuis l'histoire de l'hologramme. Mais on n'a parlé de rien. Il s'en fout à mon avis, pour lui, la case a été cochée, voilà tout, concluai-je

Trois semaines plus tard, nous passâmes avec Antoine le week-end de Pâques dans le Sud-Ouest, entre Périgord et Lot. Une partie de ma famille vit à Sarlat où nous rejoignirent mes cousins, oncles, tantes et parents. Ni ma famille ni d'ailleurs celle d'Antoine ne sont des catholiques pratiquants, mais chez moi, nous aimons nous retrouver pour les fêtes religieuses qui scandent le calendrier. Autant de repères et de traditions auxquels nous sommes attachés. À quelques jours du premier tour, la présidentielle anima le repas familial. Du côté paternel comme maternel, ma famille est de gauche, comme je l'ai déjà dit. La plupart des miens s'étaient laissé convaincre de voter Macron. Il s'agissait d'un ancien ministre de François Hollande mais il était neuf, il était jeune, il présentait bien, et il parlait anglais, ce qui avait son importance pour représenter la France à l'étranger : telle était la *vox familiae*. Les parents d'Antoine étaient plus indécis. Son père, qui ne pouvait pas voter en France du fait de sa nationalité italienne, était réservé, le manque d'expérience étant porté au débit du jeune Macron. Sa mère faisait partie des femmes pour qui son histoire avec Brigitte lui donnait un supplément de charme. Pour ma part, je n'y avais pas cédé.

« Je ne sais pas qui est cet homme. » Je ressortais toujours cette phrase à ceux qui m'interrogeaient, souvent avec quelques arrière-pensées, sur les sentiments que m'inspirait la candidature d'Emmanuel Macron. Le candidat du « en même temps » me laissait interrogatif. Pourtant, bien des aspects de son programme, ou du moins de son positionnement politique, rejoignaient mes convictions, qu'il s'agisse de l'émancipation individuelle, du rayonnement de la France dans le monde, de l'Europe puissante, de la priorité à donner à l'éducation, notamment dans le primaire, ou encore de la lutte contre la rente, des droits réels à conforter face aux droits formels. Sur le fond, ses idées avaient tout pour me plaire, mais c'était l'homme qui me laissait insensible. Un comble, quand on y pense !

Après deux débats réunissant, avant le premier tour, l'ensemble des candidats, le service public radio et télé avait prévu d'organiser le troisième et dernier le 20 avril. Mais rien ne se passa comme prévu. Jean-Luc Mélenchon, suivi d'Emmanuel Macron, refusèrent d'y participer. Le CSA lui-même exprima ses réserves alors que la campagne était sur le point de s'achever. Finalement, le service public organisa onze entretiens de quinze minutes avec chaque candidat, *Quinze minutes pour convaincre*.

L'émission était diffusée en partenariat entre France 2 et France Inter, comme nous l'avions fait pour les primaires fin 2016. J'étais présent ce jeudi-là dans les studios de Saint-Cloud où était organisée et tournée la soirée. Delphine Ernotte et moi-même accueillîmes chaque candidat l'un après l'autre. Quand Emmanuel Macron arriva, il était accompagné de son épouse qui nous embrassa chaleureusement, Delphine et moi, sous l'œil des caméras qui filmaient les coulisses. Je fus surpris par la spontanéité de l'embrassade de Brigitte Macron.

« Elle est comme ça, très naturelle, me glissa Delphine en voyant mes joues encore rosies par les bisous de la future *first lady*. Ne t'inquiète pas, on ne diffusera pas le *back stage* à l'antenne. » Quant à mes pieds, ils venaient de faire une rencontre inopinée et involontaire avec une jeune femme noire à la chevelure flamboyante qui avait précédé l'arrivée du couple Macron de quelques secondes : je venais de « faire connaissance » avec Sibeth Ndiaye.

Le soir du premier tour, j'étais chez Antoine à Bordeaux. J'avais donné procuration à Alexandre afin de pouvoir profiter quelques jours encore des vacances de Pâques. Il ne faisait pas de doute qu'Emmanuel Macron allait devenir le prochain président de la République. Les images que nous recevions en direct de *La Rotonde*, dans le quartier de Montparnasse, nous laissaient penser que lui-même en avait la certitude.

Je rentrai à Paris le lendemain matin car la semaine allait être importante. Non pas que l'élection présidentielle dût changer le cours de ma vie (nous n'y sommes pas tout à fait encore), mais il fallait préparer mon déménagement. Ou plutôt mon emménagement : nous allions récupérer les clefs de la maison d'Arcachon. J'avais loué une camionnette et, accompagné d'Emmanuel et d'Alexandre, je pris la route depuis Paris pour transporter 9 m^3 de meubles, livres, tapis et autres objets de décoration. Nous passâmes tous les quatre le week-end du 1er mai à poncer, installer du placo, peindre et meubler ce qui serait notre «Petite Plaisance». J'avais 40 ans et quinze ans de vie amoureuse réunis autour de moi. De l'amour à l'amitié, cette fidélité des liens et des sentiments constituait pour moi une certaine image du bonheur.

Dans la dernière semaine de l'entre-deux-tours, et avant le débat qui marquera le crash en direct à la télévision de la candidate d'extrême droite, France Inter reçut les deux finalistes pour une matinale spéciale, le 4 mai. Une fois encore, je ne tenais pas à m'afficher avec les candidats, mais je rejoignis l'équipe menée par Patrick Cohen dans le bureau de Laurence Bloch pour un café après l'émission avec Emmanuel Macron.

— Alors, c'était comment? me demanda Antoine au téléphone, en fin de matinée.

— C'était comme au théâtre, lui répondis-je. Tout le monde était dans le bureau de Laurence quand je suis arrivé. Macron était au milieu en train de poursuivre les échanges hors antenne. Quand je suis entré dans la pièce, nos regards se sont croisés tout de suite. Je suis allé le saluer et quand on s'est tendu la main, j'ai senti dix paires d'yeux qui nous scrutaient. Même s'ils savent bien que cette rumeur n'est qu'une connerie, au fond, j'ai bien vu dans le regard de tous qu'ils attendaient le moindre geste qui aurait pu leur prouver que ce n'en n'était pas une. Macron l'a très bien senti lui aussi. Si la scène avait été dessinée dans une BD, on aurait pu écrire dans la bulle au-dessus de nos têtes : « Oui, je sais, ils nous regardent tous, ils ont envie d'y croire mais non, on va bien leur montrer qu'il n'en est rien ». Et on s'est serré la main très virilement, presque trop.

— C'est quand même dingo cette affaire. Tu vois que les gens y croient encore.

— En tout cas, ils n'ont pas envie de ne pas y croire.

Les hommes du Président

« Il est 20 heures. Voici le nouveau président de la République, et c'est Emmanuel Macron, avec 65,1 % des suffrages. » La voix de Laurent Delahousse vient d'annoncer ce que tout le monde ou presque sait déjà depuis deux semaines, et *a fortiori* après le débat de l'entre-deux-tours qui avait disqualifié la candidate du Front National : l'ancien ministre de l'Économie de François Hollande devient son successeur.

Nous sommes alors, Antoine et moi, à Arcachon pour un premier séjour en famille. Mes parents sont repartis dans l'après-midi afin d'aller voter. Nous sommes tous les deux devant le téléviseur que les anciens propriétaires ont laissé avec quelques meubles impersonnels. Soulagés de voir que près de deux tiers des Français ont refusé la candidature de l'extrême droite. Antoine est satisfait de voir arriver au pouvoir un Président jeune, neuf et charismatique. Nous regardons les images du Louvre où sont rassemblés les supporters de En marche ! dans une liesse populaire comme on n'en voit qu'une fois tous les cinq ans.

Malgré mes réserves sur l'homme, je suis fier du choix des Français. Un président d'à peine 40 ans, mon âge, cela a de la gueule !

Quand le nouveau Président s'avance vers ses partisans, entrant en voiture par la Cour carrée, puis longe d'un pas lent l'aile Richelieu au son de *L'Ode à la joie* avant de gagner la scène qui l'attend, posée devant la pyramide de Pei, je ne peux m'empêcher de sourire. Cette image me fait penser à ce que m'avait raconté ma cousine Claudine au sujet de François Mitterrand remontant la rue Soufflot, en mai 1981. Elle qui avait le cœur à gauche et qui avait voté, comme toute ma famille, pour Mitterrand, avait été soudain prise d'un doute devant les images du monarque républicain qui déposait des roses dans la crypte du Panthéon. J'étais saisi du même sentiment, en 2017.

Je partis ensuite quatre jours en Corée du Sud et en Chine avec l'Orchestre philharmonique de Radio France qui faisait sa première tournée en Asie depuis plus de cinq ans. À mon retour, je retrouvai l'équipe de franceinfo qui célébrait ses trente ans au Trocadéro. Tous les anciens directeurs, du premier et fondateur, Jérôme Bellay, jusqu'au dernier titulaire du poste, Vincent Giret, sont sur la photo. La chaîne pionnière de l'info en continu a retrouvé une seconde jeunesse depuis 2014. Je suis heureux du travail accompli par Laurent Guimier que je suis allé chercher chez Europe 1 pour refaire du *breaking news*.

Laurent est certainement celui de mes directeurs dont je me sens le plus proche. C'est presque sociologique entre nous. Nous sommes tous deux des produits de ce qu'on appelle la méritocratie : des provinciaux, classe moyenne, passés par Sciences Po, parmi les premiers de nos familles à avoir fait des études supérieures. Laurent Guimier vient de succéder au fidèle Frédéric Schlesinger avec qui j'ai fait la conquête de Radio France, mais qu'Arnaud Lagardère a convaincu de revenir chez Europe 1 pour une énième relance de l'ancienne radio de *Salut les copains*. Le fils de Jean-Luc Lagardère était venu faire son marché au printemps sur les terres non défendues du service public. Pas moins de sept collaborateurs allaient partir dans les bagages de « Schles' », comme on l'appelait dans le milieu. J'avais bien tenté de retenir le matinalier-star de France Inter en allant négocier une augmentation de salaire pour Patrick Cohen directement auprès du directeur général de l'Agence des participations de l'État, mais je disposais de moyens ridicules. J'en gardai un goût amer, étant démuni dans un système concurrentiel où je n'avais pas les armes pour défendre les intérêts de notre entreprise : pas de clause de non-concurrence et peu de marge de manœuvre financière. Le pot de fer contre le pot de terre. J'étais pourtant allé chercher conseil auprès de ténors du droit commercial, un cabinet d'avocats anglo-saxon, avant de soumettre au conseil d'administration des mesures radicales visant à montrer mes (petits) muscles contre ces actes de concurrence déloyale. Le conseil avait pris peur devant tant d'audace et ne voulait pas déclencher de guerre avec Lagardère.

Finalement, la caravane partit pour Europe 1 et j'en profitai pour promouvoir les talents internes, une fois encore.

Le nouveau pouvoir était en train de préparer les élections législatives quand Radio France vint perturber la mécanique gouvernementale qui se mettait en place. Début juin, la cellule d'investigation de Radio France publia une enquête sur les contrats des assistants parlementaires des députés européens du MoDem. Une enquête préliminaire fut ouverte par le parquet de Paris le lendemain pour abus de confiance, soupçonnant un détournement des fonds attribués à la rémunération des collaborateurs des eurodéputés MoDem, pour payer en réalité des permanents du parti.

J'avais tenu à créer cette direction de l'investigation dans mon projet pour l'entreprise, en 2014. Arrivé à Radio France, j'étais passé aux actes et une demi-douzaine de journalistes avaient rejoint la cellule dès 2015. J'avais été inspiré par le service public canadien dont j'avais découvert le fonctionnement un an auparavant à l'occasion de la remise à Montréal, du prix Albert-Londres dont l'INA est partenaire. Sans pression des annonceurs, et libéré de la férule du pouvoir politique, le service public devait, selon moi, porter cette mission d'investigation en toute indépendance, politique comme financière. C'est la conviction que j'avais défendue devant le CSA.

Je savais en même temps que je prenais un risque à m'engager dans cette voie.

— Ce sera mon nid à emmerdes et à mises en examen ! avais-je alors lancé à Frédéric Schlesinger. J'avais vu juste.

Début juin 2017, le nouveau garde des Sceaux, président du MoDem et allié stratégique du président de la République, appelait le directeur de l'investigation de Radio France, quelques heures après la publication de l'enquête, pour se plaindre des méthodes des journalistes du service public.

Laurent Guimier, récemment nommé directeur délégué aux antennes de Radio France, vint me faire part du coup de téléphone courroucé de François Bayrou. Je n'en croyais pas mes oreilles. Depuis trois ans que je suis installé dans le désormais fameux bureau en palissandre, je n'ai jamais reçu la moindre pression de l'exécutif. Quelques mois seulement après les appels reçus pour nous demander de maintenir sur l'antenne de France Culture un chroniqueur – ancien eurodéputé MoDem, déjà – qui a déclaré son soutien au candidat Macron, voici que le nouveau pouvoir, à peine mis en place, renoue avec les vieilles pratiques politiciennes.

L'information ne resta pas longtemps secrète. Quarante-huit heures plus tard, *Mediapart* racontait dans le détail le coup de semonce de Bayrou, lequel se défendit, sans convaincre, auprès de l'AFP, de toute pression sur Radio France : « Ce n'est pas le ministre de la Justice ni le président du MoDem qui a appelé, c'est le citoyen[1] ».

Il n'en fallait pas plus pour qu'on sollicite mon commentaire. Les premiers à m'inviter à le faire furent Yann Barthès et son producteur Laurent Bon. *Le Petit Journal* a senti l'affaire. Je déclinai pour ne pas prêter le flanc à la polémique, publiquement. Mais quelques jours plus tard, à l'occasion de la rencontre mensuelle que j'ai instaurée avec l'ensemble des salariés, je réservai à l'entreprise ma réaction et mon sentiment :

« J'ai été surpris par cette "démarche" d'un ministre. On peut parler d'attitude déplacée. Un grand principe d'indépendance a toujours animé Radio France tant sur le plan politique qu'économique. Et j'entends bien continuer à le préserver, principalement pour ses salariés qui peuvent ainsi offrir aux auditeurs et aux internautes des informations vérifiées, fiables et de qualité. J'espère que cet épisode malheureusement servira d'exemple à ne pas suivre[2]. » Mais une autre raison m'avait incité à la réserve, plus personnelle : l'enquête préliminaire sur les contrats de l'INA sous ma présidence n'était pas close.

Je savais au fond de moi, bien que j'aie presque voulu l'oublier, que mon sort judiciaire restait en suspens. Prendre position contre le nouveau garde des

1. « Affaire du MoDem : le garde des Sceaux a fait pression sur Radio France », *Mediapart*, 9 juin 2017.

2. « L'appel de Bayrou, une "attitude déplacée", selon le PDG de Radio France », *L'Obs*, avec AFP, 16 juin 2017.

Sceaux, alors qu'un procureur a entre ses mains, à Créteil, depuis deux ans, une enquête en cours, ne pouvait que me nuire. J'avais bien hésité, un temps, à me poser en héraut de l'indépendance du service public. Cela avait même été ma première réaction, d'instinct, tellement la démarche du ministre de la Justice m'avait choqué. Attaquer Bayrou publiquement, c'était montrer à tout Radio France que le patron était son premier bouclier. C'était aussi envoyer un signal à la chancellerie au cas où l'enquête du parquet viendrait renvoyer le président Gallet devant un tribunal. Je fis le choix de ne (presque) rien dire. Un choix perdant.

Le 21 juin, François Bayrou annonçait sa démission, prenant le jour le plus long de l'année pour mettre un terme au mandat le plus court d'un ministre de la Justice sous la Ve République.

Deux jours plus tard, je retrouvai ma famille et Antoine pour passer le week-end à Cadaqués, en Espagne, où mon oncle et ma tante possèdent une maison dans le village rendu célèbre par Dalì. Alors que je descendais de l'avion, en rallumant mon portable, je compris que quelque chose s'était passé pendant le vol : une pluie de SMS tombait sur mon écran. Le parquet de Créteil venait d'annoncer qu'il me renvoyait devant le tribunal pour délit de favoritisme relatif à deux contrats de conseil passés à l'INA entre 2012 et 2014. J'appelai mon avocat, Christophe Ingrain, qui avait appris la nouvelle par l'AFP. Les messages se bousculaient sur ma boîte vocale, qui pour obtenir une réaction, qui pour témoigner de son soutien. Depuis son Intercités, entre Toulouse et Perpignan, Antoine avait reçu de son côté une alerte de franceinfo. Ayant raccroché d'avec maître Ingrain, je l'appelai. La ligne était mauvaise mais il comprit à ma voix blanche que j'avais découvert l'information en même temps que tout le monde.

À notre arrivée en Espagne, les visages fermés de ma famille témoignaient d'un mélange d'incrédulité et de compassion. L'ambiance fut lourde pour un week-end qui aurait dû être festif. Je gardais l'oreille vissée à mon téléphone, entre ma directrice de la communication et mon avocat. Monique devait établir des éléments de langage et laisser à Christophe le soin d'organiser la contre-attaque. La bataille qui s'annonçait était double. En termes d'image, il s'agissait de montrer un dirigeant solidement concentré sur sa mission ; en termes de procédure, de repérer les failles pour attaquer la solidité d'une enquête dont on ne savait rien d'autre que ce qu'en rapportaient les agences de presse.

Le lundi matin, je me rendis auprès des équipes de France Bleu Roussillon, à Perpignan, comme si de rien n'était. Je donnai le change, mais intérieurement j'étais touché. Je repensais à toute la cabale organisée depuis la rue de Valois deux ans plus tôt pour éliminer un dirigeant de Radio France qui déplaisait. Les mines posées depuis 2015 sur mon chemin n'attendaient plus que les juges pour m'exploser dans les jambes. Qu'avais-je donc fait pour vivre tant de trahisons, susciter tant de ressentiments, mériter tant de malveillances ? Je sais qu'on ne fait pas de bonne politique avec de bons sentiments. Faut-il pour autant que les mauvais servent de cache-misère aux insuccès de politicien(ne)s en perdition ?

La gauche qui n'avait pas supporté ma nomination en 2014 marquait un point décisif avec mon renvoi en correctionnelle : ministres, hauts fonctionnaires, anciens de Radio France, celles et ceux que j'avais contrariés, dérangés, bousculés depuis trois ans tenaient enfin leur revanche.

Début juillet, je reçus un courrier m'informant qu'une citation à prévenu m'attendait chez l'huissier. Je n'avais que la Seine à traverser pour aller au palais de justice. Je découvris alors que j'étais renvoyé devant le tribunal non pas pour deux contrats comme l'avait indiqué la presse en juin, mais pour un seul. Mes avocats avaient au moins deux raisons de s'étonner, ce qu'ils ne manquèrent pas de faire auprès du parquet de Créteil pour violation du secret de l'enquête – une enquête doit rester secrète jusqu'à ce que le prévenu soit informé de ses suites. Ils constataient en outre une différence notable entre les faits reprochés selon les agences de presse – l'AFP et Reuters avaient mentionné deux contrats, les cabinets de conseil Roland Berger et Balises – et la citation à prévenu récupérée chez l'huissier – laquelle ne faisait mention que d'un seul contrat. Autre bizarrerie, la citation était dactylographiée en date du 23 juin (le jour où la presse avait donné l'information), puis on l'avait raturée à la main pour y inscrire la date du 3 juillet. Plus étrange encore était le document que mes avocats avaient obtenu auprès du greffe du tribunal de Créteil : on lisait dans cet extrait du logiciel Cassiopée, qui est utilisé par la justice judiciaire en France, que la procédure renvoyant Mathieu Gallet devant le tribunal avait été engagée début juin. Quatre semaines avaient passé entre le renseignement des éléments de procédure dans le logiciel et l'information du prévenu par huissier. Un délai qui forçait à s'interroger.

Enfin, dernière étrangeté dans le procès qui s'annonçait : j'étais seul à être renvoyé devant les juges. Aucun des collaborateurs de l'INA qui avaient validé en amont de mon paraphe les contrats mis en cause n'était concerné. Pis, dans une procédure pour favoritisme, les bénéficiaires sont aussi renvoyés devant le tribunal pour recel. Or, dans le cas d'espèce, aucun des cabinets de conseil présumés favorisés n'était poursuivi.

Pendant l'été, la bataille de procédure fut engagée et rapidement perdue : le parquet de Créteil ne pouvant enquêter sur lui-même, l'enquête pour violation du secret de l'enquête fut dépaysée, comme l'on dit en langage judiciaire, à Paris. Elle fut reçue mi-août, et le procureur Molins, que le grand public connaissait depuis ses conférences de presse lors des attentats terroristes de 2015, conclut un mois plus tard qu'il n'y avait pas eu de manquement de la part de ses collègues du Val-de-Marne. Le parquet de Paris avait été d'une grande diligence dans son enquête sur le parquet de

Créteil. Quant au recours en appel contre ce classement sans suite, il connut le même sort. La voie était donc libre pour le procès, le 16 novembre 2017.

À la rentrée, je fus troublé par les questionnements que partagèrent coup sur coup avec moi deux amis magistrats que je vis dans le même mois. L'un comme l'autre étaient étonnés de la tournure qu'avait prise la procédure me concernant.

— Comment se fait-il que la cour d'appel n'ait pas vu ce dossier « signalé » remonter depuis Créteil ? s'interrogeait l'un. Tu es certain que le parquet n'a pas demandé son avis au PG (*NDR : le procureur général*) avant le renvoi en correctionnelle ?

— Écoute, mon avocat, qui pourtant a ses entrées dans la magistrature, n'a été informé de rien. Et depuis qu'on a eu accès à la procédure, à aucun moment la proc' de Créteil n'a consulté son supérieur hiérarchique.

— Je ne comprends pas, car sur un dossier sensible comme le tien, le procureur ne se lance pas sans avoir informé et pris un avis au-dessus de lui.

— C'est d'autant plus bizarre qu'en 2011, quand j'étais à l'INA, j'avais subi une enquête sur ma nomination, et la procureure de Créteil avait fait suivre à Paris après une première phase d'investigations, avant de rendre ses conclusions. Pourtant c'était moins sensible et moins visible comme poste, président de l'INA.

Quelques semaines plus tard, un autre ami magistrat qui était passé un temps par la chancellerie et les cabinets ministériels vint lui aussi renforcer mes doutes et mes interrogations.

— Tu ne vas pas me dire que tu as appris tout ça par l'AFP ? me demanda-t-il lors d'un petit-déjeuner non loin du Palais-Royal.

— Mais si ! Je sortais de l'avion quand j'ai vu l'alerte des médias. Et mon avocat idem.

— Le procureur a vraiment voulu vous planter, alors.

— Figure-toi que j'en ai parlé avec un autre ami magistrat qui était très étonné que le dossier ne soit pas remonté au PG de la cour d'appel.

— Ça, c'est bizarre. Les sujets sensibles ne restent pas dans les mains d'un proc' comme ça.

— Quand tu étais au ministère, vous saviez pour les dossiers « lourds » ?

— Pardi ! Tous les dossiers « signalés », les procureurs et les PG les font remonter pour information à la DACG (*NDR : Direction des affaires criminelles et des grâces*) et au cabinet du ministre. C'est bien pour ça qu'il y a un lien hiérarchique entre le ministre et les procureurs. Même si aujourd'hui on ne peut plus donner d'instructions écrites dans les affaires individuelles, je peux te dire que le cab' du ministre était au moins au courant de ce qui t'attendait.

Le brouillard se dissipait.

À la mi-octobre, je rendis visite à Antoine à Oslo, où il résidait depuis le mois d'août pour un semestre d'échanges dans le cadre de ses études.

Malgré l'âge et l'accoutumance à certaines facilités matérielles, j'aimais aussi profiter d'un confort simple. Je vivais dans des conditions favorisées, mais je n'avais jamais voulu m'y habituer. Ce qui me sera très précieux quand ma situation matérielle se fera précaire, quelques mois plus tard. J'avais l'impression de vivre ces moments ordinaires comme on entre dans un refuge. Refuge de la jeunesse aux côtés d'Antoine, refuge des plaisirs simples face au confort que je savais non acquis. Nous profitions de notre liberté comme si elle était conditionnelle. Les vents mauvais de novembre sauraient me le rappeler.

La familia grande

Tout le monde était sagement assis derrière une longue table pavoisée du nouveau logo de « Radio France » : autour de la taulière Laurence Bloch dont c'était la quatrième rentrée à la tête de France Inter, Nicolas Demorand et Léa Salamé, Antoine de Caunes, Fabienne Sintès. À la fois come-back (Demorand au 7/9) et prise de risques (en tandem avec Léa Salamé), changement d'étage et de chaîne (Fabienne Sintès quittait franceinfo pour monter au cinquième, animer le 18/20) et nouveauté pour un petit dernier pas si jeunot (de Caunes à 16 heures pour *Pop pop pop* en lieu et place des émissions dédiées à la musique classique). Sonia Devillers, la dame des médias sur Inter, officiait comme Mme Loyale pour cet exercice qui consiste chaque année, à la fin du mois d'août, à présenter des émissions et des voix déjà présentes sur les antennes depuis quelques jours. Rien qu'on ne sache déjà n'est annoncé dans une conférence de rentrée. Mais tous les ans, on recommence en essayant de faire ni tout à fait pareil ni tout à fait autrement.

Après l'hémorragie du printemps en direction d'Europe 1, il nous avait fallu réagir vite sans avoir de possibilité d'aller chercher bien loin. Laurence s'était montrée astucieuse et culottée en me proposant le tandem Demorand / Salamé pour remplacer Patrick Cohen dont les affiches dans Paris et les journaux aguichaient l'auditeur d'un « Suivez-moi sur Europe 1 ». Ce n'était pas très *fairplay* pour nous, mais nous ne savions pas encore que cela serait surtout inefficace. France Inter était devenue plus forte que ceux qui s'en occupaient. Fabienne Sintès était traqueuse, mais j'étais persuadé qu'elle ferait des merveilles à la fois dans la présentation de l'actualité internationale et dans l'échange interactif avec les auditeurs. Quant à Antoine de Caunes, son émission avait besoin de se rôder, de trouver un ton, un rythme, mais le gamin avait du métier et, bien coaché, nous pourrions dormir sur nos deux oreilles.

Une équipe renouvelée m'entourait pour cette rentrée dont je n'imaginais pas qu'elle serait la dernière pour moi. La *learning expedition* de février 2017 nous avait donné un coup de fouet pour mettre le cap à fond sur le numérique : podcasts originaux, développements technologiques afin d'être les premiers sur les enceintes connectées, mise en place d'une offre d'écoute personnalisée de l'ensemble des émissions. L'avenir était aux plateformes et Radio France devait se préparer à basculer sur ce modèle horizontal, à l'opposé de la verticalité des médias traditionnels.

Quelques jours plus tard, je partis dans la Creuse, poursuivant mon tour de France des quarante-quatre stations de France Bleu. Guéret est le symbole de ce service public de proximité qui fait la singularité du groupe. Sans France Bleu, Radio France serait trop métropolitaine, trop parisienne, trop urbaine. Toutes les caricatures faisaient de nous la radio bobo gaucho que l'extrême droite promettait de privatiser à chaque campagne présidentielle. Tout n'était pas faux dans cette image, d'ailleurs, comme souvent dans les caricatures, sinon elles ne feraient pas mouche. J'avais l'obsession de traquer la petite phrase de commentaire, l'adverbe ou la hiérarchie des sujets dans les journaux qui pouvaient teinter nos antennes du rose au rouge. Le manque de diversité dans les opinions que laissaient transparaître journalistes et éditorialistes risquait de devenir un problème pour la radio publique, j'en avais bien conscience.

France Bleu, c'était autre chose. En quatre années à Radio France, j'ai visité les trois quarts des stations au cours de mes déplacements mensuels. Mon record fut trois visites en une seule journée : petit déjeuner et matinale un lundi à Cherbourg, puis fin de matinée et déjeuner à Caen, enfin après-midi et apéritif à Rouen. Au-delà des spécialités culinaires qui m'attendaient souvent sur place – jambon entier à Bayonne, huîtres de Cancale à Rennes, calissons à Aix, le message était bien passé que j'avais bon appétit – je pouvais mesurer les particularismes locaux, à la fois culturels et sociaux, linguistiques là où les langues régionales existaient, managériaux aussi. Mais il y avait des constantes. France Bleu, c'était une microsociété où vivaient ensemble, souvent depuis des années, des femmes et des hommes dont les cadres seulement étaient amenés à tourner parfois aux quatre coins du territoire. Je devinais par petites touches les tensions, les histoires, les ressentiments et les sentiments que cette vie en circuit fermé pouvait engendrer. Mais j'étais loin de me douter alors jusqu'à quel point tout cela pouvait être toxique et destructeur.

En octobre 2017, les révélations sur les pratiques de prédation et d'abus sexuel du producteur américain Harvey Weinstein allaient soulever une vague mondiale de libération de la parole des femmes victimes de viols et d'agressions sexuelles. En France, #MeToo allait toucher tous les milieux sociaux et professionnels, et Radio France ne pouvait y échapper. Certains septuagénaires eurent rétrospectivement « la chance » d'avoir été sortis à mon arrivée en 2014 ou après la grève de 2015 pour prendre une retraite bien méritée et goûter aux joies de l'entrepreneur qui crée son site internet ou son podcast. Des affaires, parfois vieilles de plus de trente ans, remontèrent à la surface, et la cellule d'écoute créée un an auparavant au sein de la DRH permit d'entendre les plaignant(e)s, d'instruire les dossiers et de mener jusqu'à leur terme les sanctions. À Paris comme dans le réseau France Bleu, ce qui était su et tu depuis tant d'années était porté à la connaissance de la direction. Certains cas furent traités par des mises à la retraite d'office, d'autres allèrent jusqu'au licenciement; entre les deux, les possibilités autorisées par le code du travail sont limitées. Il me fallait faire un effort sur moi-même pour ne pas confondre le lien établi entre l'entreprise et son salarié – le contrat de travail – et le sentiment qu'à titre personnel je pouvais éprouver en prenant connaissance de ces affaires.

Les histoires que je découvrais allaient du bon père de famille, directeur d'une station locale de France Bleu qui avait fait des avances trop pressantes à un jeune chargé d'accueil et dont la mise à l'écart allait provoquer, sans aucun doute, un bouleversement de la vie familiale, au multirécidiviste harceleur, ancienne gloire de France Inter qui avait agressé, entre autres, trente ans auparavant, une des grandes figures syndicales qui, à l'époque des faits, étant jeune journaliste, était impressionnée par le magistère professionnel exercé alors par cette ex-référence de l'information.

La culture d'entreprise à Radio France était machiste sans s'en excuser. Au contraire. En 2014, l'ambiance de saloon où l'on prend son bourbon entre mecs en fumant des Marlboro les pieds sur son bureau était étonnante de décomplexion. Personne ne s'était ouvertement offusqué – ou du moins, cela n'avait pas franchi les murs de béton, de verre et d'alu de la « Maison ronde » – que sur sept chaînes, pas une seule ne soit dirigée par une femme. J'avais pris l'engagement devant le CSA d'en nommer au moins deux. Finalement ce fut trois, à France Inter, France Musique et FIP. Non pas pour être dans l'air du temps – ce qui eût été déjà une raison très valable –, mais parce que la situation dont j'héritais était choquante. La hiérarchie de Radio France était parfaitement uniforme : des hommes, dont la seule présence à leurs côtés d'une directrice générale déléguée et d'une directrice des relations presse ne suffisait à masquer l'insuffisante diversité.

J'étais sensible à la question de la représentation des femmes et des minorités, et de leur place dans la société certainement pour trois raisons.

La première était culturelle. J'ai été élevé par une mère féministe qui avait 20 ans en 1973, pétrie de ses lectures des essais de Simone de Beauvoir, des romans de Françoise Mallet-Joris et des tribunes de Gisèle Halimi. Du côté de ma mère, la tradition des femmes libres remontait loin, à mon arrière-arrière-grand-mère Gabrielle que j'avais connue jusqu'à mes 4 ans et qui avait divorcé dans les années 1910 pour vivre avec l'homme qu'elle aimait après avoir quitté celui avec qui on l'avait mariée. Sa fille, mon arrière-grand-mère Andrée, était quant à elle une militante communiste, résistante, présidente de l'Union des femmes françaises du Lot-et-Garonne, dont les engagements politiques étaient inversement proportionnels à ses attentions maternelles. Il y avait aussi la figure de Yolande, une cousine de mon arrière-grand-mère qui vivait à Tours et chez qui j'avais adoré passer des vacances l'année de mes 16 ans. De sa vie d'aventurière, entre Afrique de l'Ouest et Touraine, mariée tardivement après avoir vécu des amours saphiques, sans enfant, veuve hébergeant des étudiants dont certains devinrent ses héritiers, elle gardait une liberté d'esprit et de parole, du haut de ses 80 ans passés et de son mètre cinquante, qui faisait mon bonheur d'adolescent.

La deuxième était sociologique. J'étais un provincial, élevé à la campagne dans un milieu favorisé pour mon environnement immédiat, mais très loin des codes et des us de la société parisienne dans laquelle j'évoluais désormais. Pourtant tout en haut de l'échelle hiérarchique, demeurait en moi ce sentiment d'appartenir à une minorité invisible, celle des « transfuges de classe ». Je n'avais pas les mêmes amis depuis la maternelle à l'école active bilingue, je n'avais pas suivi à Henri-IV les cours de tel professeur qui était aussi examinateur aux concours de Normale Sup, je n'avais même pas usé mes pantalons de flanelle rue Saint-Guillaume, encore moins levé le coude les jeudis soir à l'*Académie de la bière* à Strasbourg avec des camarades de l'ENA. Je sentais mon cas très isolé, ce qui me rendait d'autant plus réceptif aux inégalités de chances que je pouvais constater à la lecture des CV de candidat(e)s que je recevais.

Il y avait d'ailleurs chaque année un petit jeu qui m'amusait et renforçait mon sentiment d'être une « exception consolante » à mon niveau de responsabilités : c'était la lecture du *Bulletin Quotidien*, ce bottin mondain de la haute administration qui annonce les nominations de préfets, d'ambassadeurs ou de directeurs de cabinets accompagnées de leur biographie. Le *BQ* faisait le récit chaque mois d'avril des choix d'affectation des quinze meilleurs élèves sortants de l'ENA, ceux qui avaient un accès direct aux grands corps (Conseil d'État, Cour des comptes, Inspection des finances). À cette lecture, je constatais combien la future élite avait été enfantée par celle qui la précédait : « *Mlle Dupont-Mallet, sortie major, fille de M. Dupont (ENA, promotion Charles de Gaulle) et de Mme Mallet (ENA, promotion Charles de Gaulle) a choisi le Conseil d'État ; M. Legrand, sorti deuxième, fils de M. Legrand (ENA, promotion André Malraux) et de Mme née Ponsoles (professeure des universités) a choisi l'Inspection des finances ; M. Lalande, fils de M. Lalande (X Mines) et de Mme née de Lestapis, sorti troisième a aussi choisi l'Inspection des finances, etc.* » Même si l'on aimait à montrer les (rares) cas de brillants étudiants issus de milieux modestes – en général, la classe moyenne supérieure –, les « filles et fils de » étaient bien représentés dans le classement des meilleurs élèves de l'ENA, promis aux parcours illustres qui conforteront l'image, à l'évidence non usurpée, d'une grande école qui s'autoreproduit.

La troisième était naturelle. Je faisais moi-même partie d'une minorité en raison de mes préférences amoureuses. Non pas qu'elles aient été choisies, elles faisaient partie de moi, comme d'un tout. Mais je sentais, je savais que mon tout n'était pas conforme à celui du plus grand nombre. Je n'étais pas militant, j'en ai déjà expliqué les raisons, mais mon histoire personnelle était celle de quelqu'un de différent, de minoritaire, de singulier. Car même quand on a appris à vivre très jeune avec cette singularité, on n'y parvient qu'après une succession d'épreuves, quasi initiatiques. Un hétérosexuel n'aura jamais à subir la scène – ou plus souvent les scènes – du *coming out*. Mon meilleur ami Nicolas n'a jamais eu à expliquer, à 20 ans, un soir, autour de la table du repas familial : « Papa, Maman, il faut que je vous dise, je préfère les filles. »

Je pris d'ailleurs tardivement conscience que ma capacité de résistance, la résilience qu'on m'avait reconnue lors de la grève du printemps 2015 par exemple, trouvait certainement son origine dans la carapace que j'avais dû me constituer très jeune, quand j'avais compris que j'étais différent et qu'il me fallait encaisser et rendre les coups que les autres adolescents envoient lorsqu'on ne correspond pas à la norme établie.

Cette jeunesse faite de railleries, de remarques acides et parfois de méchanceté réelle m'avait endurci, m'avait donné une rage de vivre et de me battre dont je prenais conscience alors que je traversais à l'âge adulte des épreuves qui auraient pu me mettre à terre.

Malgré toutes ces raisons, dont certains jugeront qu'elles ne suffisent pas à justifier un engagement en faveur des minorités, j'ai ressenti un sentiment d'insuffisance voire de culpabilité en écoutant une histoire, un matin à la radio.

Comme tous les matins ou presque, je me réveillai en écoutant France Inter, à 7 h 15 avec le *Zoom de la rédaction*. Quand Nicolas Demorand introduisit le sujet du jour en parlant d'«une voix familière pour les auditeurs d'Inter, Bruno est devenu Béatrice Denaes», je bondis de mon lit. Personne ne m'avait informé qu'après son départ à la retraite, quelques mois après que j'eus quitté Radio France, en 2018, Bruno avait fait sa transition pour devenir Béatrice. Cette histoire me bouleversa et, pendant les semaines de confinement du printemps 2020, j'échangeai avec celle que j'avais nommée médiatrice des antennes en 2015. Elle qui avait confié sa démarche à sa femme puis à ses enfants, bien des années avant, elle avait attendu d'avoir tous ses trimestres de cotisation pour quitter la radio publique et pouvoir évoluer comme elle l'entendait. Je vivais son témoignage comme une claque et comme un échec. Moi qui pensais que mon investissement personnel contre les discriminations et pour les minorités avait contribué à changer les mentalités et les pratiques à Radio France, je n'avais pas su créer les conditions qui auraient permis à Béatrice de vivre telle qu'elle était en continuant à travailler et à servir dans l'entreprise qu'elle aimait. Béatrice tenta bien de me rassurer, de souligner les changements et les actions qui avaient été entreprises pendant mon mandat, je regardais le chemin qui restait à faire pour tendre vers une plus parfaite égalité. Car si les vieux cow-boys sont une espèce en voie de disparition, il n'en reste pas moins que lutter contre le sexisme, le racisme et l'homophobie dont souffrent les personnes LGBT est un combat qui se mène du sommet à la base.

Le 15 novembre, c'étaient pourtant bien les hommes qui étaient mis à l'honneur par un journal, *GQ*, le *Gentlemen Quarterly* qui leur est dédié. J'avais été prévenu qu'en cette année 2017, dans la catégorie médias, c'est moi qui serais distingué comme « homme de l'année ». Je ne suis pas très sensible aux récompenses – peut-être parce que j'en ai peu reçues depuis mes médailles et mes ceintures au judo, adolescent –, mais je voyais dans cette distinction la reconnaissance du travail de mon équipe. Je considère toujours qu'on distingue un bon manager d'un mauvais à sa capacité de s'entourer des meilleurs, et des meilleurs que lui-même. C'est ce que je voulais pour Radio France et j'avais cette *dream team* autour de moi. Les résultats d'audience venaient d'ailleurs de confirmer encore que la dynamique était du côté du service public, Radio France battait des records et l'écart se creusait avec nos concurrents du privé.

Les débauchages d'Arnaud Lagardère et la campagne de pub agressive n'avaient pas eu les effets escomptés pour Europe 1. Il ne laissa d'ailleurs aucune chance aux anciens de Radio France qui ne finirent même pas, pour la plupart d'entre eux, la saison 2017-2018 rue François-1er. Quant à moi, ce soir-là, j'avais passé mon smoking noir et noué un nœud papillon blanc pour faire honneur au *dress code* chic et sexy du magazine. J'avais envie de profiter pleinement des honneurs et du bonheur qui m'étaient donnés pour danser sur la disco entraînante de Diana Ross et de Nile Rodgers. J'aurais voulu que la nuit ne terminât pas, sachant que la journée qui m'attendait le lendemain allait être longue, très longue.

Le procès

Créteil-Soleil. C'était la seule image que le chef-lieu du Val-de-Marne m'évoquait avant de venir travailler à Bry-sur-Marne. Un centre commercial géant, comme on en construisait dans la France pompidolienne du consumérisme triomphant. Créteil-Soleil, c'était La Part-Dieu pour les Lyonnais, Meriadeck pour les Bordelais, ces temples de la consommation moderne où j'aimais aller deux ou trois fois par an, les samedis, quand ma mère, au volant de sa Peugeot 104, prenait l'autoroute A62 à Aiguillon pour en sortir 120 kilomètres plus loin, sur les quais aux façades noircies par les pots d'échappement du centre de Bordeaux. Sur cette route, nous écoutions jusqu'à l'usure la cassette du *Zénith 1984* de France Gall, puis nous déjeunions au McDonald's de la rue Sainte-Catherine, avec un *Happy Meal* pour moi et des *nuggets* de poulet pour elle, et tout l'après-midi ensuite nous écumions les boutiques du centre commercial. J'étais heureux de ces sorties qui rompaient avec l'ennui solitaire des semaines à la campagne.

Ce 16 novembre 2017, je n'allais pas à Créteil pour le service après-vente de Darty ni pour essayer une chemise en vichy chez Célio. J'avais rendez-vous au tribunal judiciaire. Plus loin du lac et plus proche de l'autoroute A86, le palais de justice de Créteil est un imposant bâtiment de béton, aux fenêtres étroites comme des meurtrières, typique de l'architecture brutaliste de la fin des années 1970. La tour, une sorte d'hélice, est censée, selon la notice Wikipédia du tribunal, symboliser par sa forme « le livre de la loi et la balance de la justice ». Tout y était gris, gris béton, gris prison.

Face au parquet qui avait conduit l'enquête pendant deux années et qui portait désormais l'accusation au procès, j'étais défendu par Christophe Ingrain et son jeune collègue Rémi Lorrain. À l'un l'attaque de la procédure, à l'autre la stratégie de défense.

La salle d'audience était petite et le décor tranchait avec les images traditionnellement attachées aux palais de justice : ni dorure ni boiserie, tout n'était que béton à l'exception du mobilier en bois clair qui séparait les magistrats de la salle, les avocats de la défense et ceux des parties civiles.

Je portais déjà le gris dans mon costume en laine sèche anthracite, chemise blanche et cravate club à rayures. Ma tenue contrastait avec celle des autres prévenus qui attendaient en début d'audience la sentence du tribunal : trois mois de prison avec sursis et

10 000 euros d'amende pour des vols de matériaux de construction sur un chantier ; un mois avec sursis et 5 000 euros d'amende pour un détournement d'allocations familiales. La justice pénale du quotidien, celle de la société faite de petits et gros larcins, des arnaques à la CAF, de la débrouille qui vire à la magouille.

La salle d'audience était comble de tout ce que Paris compte de journalistes spécialistes des médias : *Le Monde, Libération, Le Nouvel Obs, Le Figaro*, etc. : tous avaient envoyé leur rubricard assister au procès du PDG de Radio France. On entra dans le dossier vers 14 heures, une fois les affaires elles aussi audiencées sur la même demi-journée renvoyées à plus tard. Le plat principal devenait l'unique repas de cet après-midi.

Mes conseils avaient commencé par soulever une douzaine de nullités dans la procédure. Le président et ses assesseurs se retirèrent quinze minutes pour la forme et décidèrent de joindre les questions de forme au fond de l'affaire. Ils avaient aussi déposé une question prioritaire de constitutionnalité (QPC) concernant le délit de favoritisme. Nouvelle suspension de séance et, au bout de vingt minutes, le tribunal rejeta la QPC qu'il ne considéra pas comme sérieuse. Nous étions dans la salle d'audience depuis quatre heures quand le président attaqua le fond du dossier en lisant un rapport. En réalité deux heures de lecture du rapport de la Cour des comptes, qui étrillait la gestion de l'INA sous la présidence Gallet.

Les témoins cités par la défense vinrent à la barre. Un ancien directeur-adjoint des finances de l'INA et son subordonné responsable des achats à l'époque. Les sujets des marchés publics pour des prestations s'étalant sur plusieurs années étaient complexes, et les deux anciens responsables tenaient à témoigner de leur compétence, eux qui pilotaient les achats et vérifiaient leur conformité avec les règles de la commande publique depuis des années. Quand je me levai pour répondre aux questions du président, j'étais concentré, me sentant très maître de moi. Pourtant je perdis mon calme quand on me demanda si, compte tenu de mes études, je n'aurais pas dû personnellement prendre l'initiative de remettre en concurrence le marché de conseil de Denis Pingaud, le plus contesté, après les premières années de sa collaboration avec l'INA.

— Vous êtes diplômé de Sciences Po Bordeaux et vous avez un DEA d'analyse économique des décisions publiques, releva le président.

— J'ai étudié en section économique et financière, je n'ai pas étudié le droit public comme en section service public, monsieur le président. On est très, très loin des marchés publics en section Éco-Fi.

J'ajoutai que je faisais confiance à mes collaborateurs qui avaient validé les dossiers au préalable en apposant leurs signatures sur les parapheurs qui remontaient jusqu'à ma décision finale. Si erreur de gestion il y avait eu, ni mes services, ni moi-même ne l'avions relevée.

Le lendemain je regrettai, en repassant le film du procès dans ma tête, de n'avoir pas eu assez de sens de la répartie pour préciser que je n'avais pas de talent divinatoire non plus, ayant terminé mes études en 2000 alors que la directive européenne sur les marchés publics datait de 2005. C'était bien la première fois qu'on me renvoyait à mes études pour souligner mes compétences supposées. En tant que non-énarque, j'étais plutôt classé, *mezza voce*, parmi les sous-doués !

Il était déjà 22 heures quand le président suspendit la séance pour trente minutes. Pendant cette pause, la discussion avec mes avocats se concentra sur l'attitude du président. Il faut imaginer, quand on est renvoyé devant un tribunal, qu'on y arrive avec une présomption de culpabilité à l'issue d'une enquête ou d'une instruction judiciaire. Tout l'enjeu du procès est, partant, de parvenir à convaincre les juges qu'on est en réalité innocent. Il faut avoir vécu cette expérience dans sa chair pour comprendre qu'on est alors à mille lieues des grands principes de la présomption d'innocence et que cela se ressent dans le comportement des magistrats. J'avais senti pour ma part le président du tribunal hostile dès le départ. Comme si son opinion était déjà établie avant l'audience. En faisant de la morphopsychologie de bazar, je voyais son visage louis-philippard plein de vanité et de lassitude annonciateur d'une décision déjà prise, d'un jugement rédigé par avance, d'évidence en ma défaveur. Je le soupçonnais de feindre de prendre des notes à l'écoute des témoins en dessinant en réalité de grands et de petits ronds sur un rapport qu'il n'avait pas écrit lui-même. J'avais en tête les caricatures de Daumier.

Les deux assesseurs étaient restés muets, sauf quand l'une des deux demanda à l'ancien responsable des achats qui venait de faire référence, dans son témoignage, à la poursuite d'un marché de conseil à la demande des représentants du personnel :

— Qu'est-ce que c'est les IRP ?

Le président se sentit contraint de répondre lui-même, face à l'ignorance de sa collègue, qu'il s'agissait des instances représentatives du personnel, comme le comité d'entreprise ou les délégués du personnel. Je découvrais, un peu effrayé pour la suite, le manque de culture de certains juges en matière de vie des entreprises.

L'audience reprit et la température monta vite avec l'intervention de l'avocat de l'association Anticor, maître Karsenti, partie civile, citant les appréciations qu'Agnès Saal avait portées sur la gestion de son prédécesseur devant les policiers.

— Agnès Saal n'est pas un modèle pour moi, maître, lui lançai-je, crispé. Si pour vous c'est une référence en matière de bonne gestion de l'argent public, chacun les siennes mais ce n'est pas la mienne.

Vers minuit vint le tour du réquisitoire du parquet. La procureure était une petite femme sèche aux lèvres minces qui ne m'avait posé aucune question durant ces longues heures d'audience. Pour situer la scène, je reprends ici le compte rendu circonstancié que le journaliste du Dalloz en fit dès le lendemain :

« Me Karsenti plaide ensuite, présente Anticor, qui "représente les citoyens, représente la société" – la procureure lui lance un regard noir. Après avoir démoli l'incurie de l'enquête – mais pas autant que ses confrères en défense –, il laisse la place à la procureure. C'est un moment étrange. Il est minuit passé. La magistrate commence des phrases sans les finir, parle essentiellement des sujets hors prévention, se pique de petits commentaires : "Ça, c'est pas très bien", "Non, là ça va deux minutes", *qui ne viennent pas vraiment ponctuer une démonstration juridique. Et puis elle annonce, marmonne, balbutie en farfouillant dans ses dossiers, dont elle lit quelques lignes, avant de reprendre son propos dans un manque total de fluidité. Finalement, elle demande dix-huit mois de prison avec sursis et 40 000 euros d'amende, sur la base, comprend-on, de ce qui vient d'être débattu à l'audience. »*

Un peu avant une heure du matin, mes deux avocats se succédèrent à la barre pour demander la relaxe de leur client sur les deux marchés contestés. Une heure plus tard, nous quittâmes le grand bâtiment gris plongé dans la nuit. Christophe Ingrain avait parlé d'expérience quand il m'avait conseillé de prendre quelques jours de repos après le procès. Car un procès, c'est bien une épreuve. Physique, morale, psychologique. Après quelques heures de sommeil, je m'envolai à destination de Stockholm, pour un séjour de trois jours avec Antoine. Le long tunnel judiciaire n'était parcouru qu'en partie. Il fallait désormais attendre le 15 janvier 2018 pour voir la lumière au bout. Lumière blanche, grise ou noire ? Mon avenir ne m'appartenait plus.

Voilà, c'est fini

Soupe de pois chiches, rôti de veau et pommes de terre aux cèpes, riz au lait au caramel. Le 8 janvier 2018, je fêtai mes 41 ans en tête-à-tête avec Antoine qui avait cuisiné pour l'occasion un repas maison comme je les aimais, notamment avec cette soupe méditerranéenne que lui avait appris à faire son père. Après un semestre à l'étranger, il enchaînait avec un stage de six mois en entreprise, à Paris. Nous retrouvions une vie de couple, sous le même toit, après avoir vécu comme deux amants tenus éloignés l'un de l'autre par ses études.

Le dimanche suivant, le 14 janvier, je reçus un appel de la directrice de cabinet de la ministre de la Culture. Je la connaissais bien puisqu'elle avait été membre du conseil d'administration de Radio France pendant quelques années. Celle-ci tenait à me faire part de ses pensées amicales à la veille de la décision du tribunal. D'ailleurs, tous les signaux venant de la rue de Valois étaient chaleureux. La ministre elle-même, Françoise Nyssen, m'avait adressé un SMS pour me témoigner son amitié dans l'attente du jugement que chacun espérait clément.

Le lendemain, peu avant 14 heures, le tribunal correctionnel de Créteil rendit sa décision. J'étais reconnu coupable et condamné à un an de prison avec sursis et 20 000 euros d'amende pour favoritisme. On me reprochait de ne pas avoir respecté les règles de la commande publique pour un premier contrat – Roland Berger Stratégies Consultants – auquel s'étaient ajoutés un avenant et un marché complémentaire, tel que le prévoie pourtant le règlement interne des achats de l'INA, et pour un second contrat – Balises, la société de Denis Pingaud – dont le montant avait fini par dépasser les seuils autorisés après trois années de collaboration renouvelée. Je déjeunais avec mon ami Grégoire quand j'appris la nouvelle par la voix de maître Ingrain, à peu près au même moment où amis et famille recevaient tous le *push* des sites d'information. Je ne changeai rien à ma journée et Grégoire s'était lui-même étonné que je maintinsse notre déjeuner prévu de longue date.

« Je ne vais pas me morfondre devant un club-sandwich dans mon bureau en attendant la fumée de Créteil », lui avais-je répondu par SMS la veille au soir.

À Radio France, toute ma garde rapprochée encaissa le coup. Je reçus de nombreux messages de soutien, des appels amicaux tant la lourdeur de la peine marquait les esprits. Je ne crois pas que quiconque s'attendît à autant de sévérité. Sauf peut-être

Christophe et moi face à l'attitude du président du tribunal. J'avais même eu le sentiment que son jugement était déjà fait à la lecture de l'enquête de l'officier de police judiciaire. De là à penser que j'« en prendrais » autant… La lecture du jugement, le soir même, me fit entrer dans une colère noire, mélange de tristesse et de rage.

« Mathieu Gallet est diplômé de Sciences Po Bordeaux où il a suivi la formation de la section Éco-Fi. Il a ensuite obtenu un DEA d'analyse économique des décisions publiques à la Sorbonne. Il est certain que sa formation universitaire l'a amené pour le moins à se questionner sur la commande publique et les grands principes des marchés publics. Ses fonctions de PDG de l'INA intégraient l'obligation d'avoir un minimum de connaissances en la matière, ou, à tout le moins, la responsabilité de se documenter. Ensuite, son brillant parcours dans des entreprises du secteur marchand, et non des moindres, ainsi que dans des hautes fonctions au sein de cabinets ministériels, n'ont pu que l'amener à ce genre d'interrogation et de recherches.

Eu égard à son positionnement de PDG de l'INA, il est de la responsabilité de Mathieu Gallet de s'informer de la réglementation en vigueur sur l'achat public, et d'être en mesure d'en contrôler l'application. La grossièreté des irrégularités commises ne nécessite pas une connaissance fine de cette réglementation, le simple "bon sens" permet de les appréhender. Mathieu Gallet, nonobstant l'ignorance qu'il feint en matière de marchés publics, était suffisamment au fait des choses en ce domaine pour agir sciemment comme il l'a fait. Le manque d'orthodoxie de Mathieu Gallet en matière de gestion des deniers, en grande partie d'origine publique, démontre sa volonté délibérée de s'affranchir des règles de gestion budgétaire.

Mathieu Gallet a généré des montants importants de frais de déplacement et de restaurants. Plusieurs voyages avec un hébergement en hôtels de luxe sont effectués chaque année. L'opportunité de tels déplacements est mise en doute par la nouvelle direction de l'INA. Les très nombreux déjeuners avec des invités du monde de la radio peuvent laisser planer un certain doute sur leur lien avec les activités de l'INA. Les enquêteurs s'interrogeaient sur la relation directe entre certains de ces déjeuners et le plan de carrière de Mathieu Gallet, et notamment ses velléités de rejoindre Radio France. »

Après l'officier de police judiciaire, le poison instillé par mes ennemis s'était bien diffusé dans l'esprit des juges. On pouvait lire dans la dureté de la décision de justice que, par-delà les marchés de conseil litigieux pour lesquels j'étais poursuivi et condamné, c'était mon train de vie et ma carrière que d'aucuns avaient qualifiée de météorique qui étaient visés par les magistrats. Un plan de carrière financé par le contribuable, voilà ce à quoi le tribunal avait cru et qu'il fallait condamner. Pour l'exemple, au cas où d'autres seraient tentés d'en faire autant.

Un sentiment d'injustice m'envahissait. J'avais envie de hurler contre les délateurs, les menteurs et la paresse de ceux qui avaient eu la faiblesse de croire à toute cette malveillance. Je recevais la décision du tribunal comme un coup de pied au derrière de la société tout entière : « Paf ! Retourne d'où tu viens. »

Nous passâmes la soirée à la maison, moi au téléphone et Antoine qui me regardait, impuissant et triste, en train de dénoncer une justice aveugle auprès de ceux, nombreux, qui m'appelaient.

Mes avocats avaient immédiatement fait appel. Le travail de leur défense avait été balayé d'un revers de la main cinglant par les juges. Le coup était rude pour eux aussi.

Dans un communiqué de presse paru dans la soirée, la ministre de la Culture réaffirmait « *son attachement au respect des règles de la commande publique et à l'exemplarité des dirigeants des établissements et des entreprises publics. Ces exigences sont le fondement indispensable de la confiance de nos concitoyens dans l'action publique.* »

Le ministère avait préféré prudemment renvoyer vers le Conseil supérieur de l'audiovisuel, seule autorité à pouvoir mettre fin à mon mandat, dans une déclaration au journal *Le Monde* :

« *C'est d'abord à Mathieu Gallet qu'il revient d'apprécier les éventuelles conséquences de la décision. La loi donne actuellement au seul CSA le pouvoir de nommer et de défaire les mandats. Dans ce cadre, toute intervention de l'exécutif serait critiquable.*

L'audiovisuel public est dans une situation spécifique : ses dirigeants doivent bénéficier de garanties d'indépendance par rapport à l'exécutif. »

J'avais laissé entendre, dans un entretien paru en décembre, que je serais à ma tâche jusqu'à la fin de mon mandat prévue en mai 2019. Tout le monde avait interprété, à juste titre, ma position en concluant que je n'avais pas l'intention de démissionner, même en cas de condamnation puisque dans ce cas, je ferais appel.

Le lendemain matin, après une nuit calme – j'ai cette faculté de bien dormir même quand je vais mal –, je partis pour une heure à mon club de sport, vers 8 heures. Alors que j'étais ensuite sur le chemin de Radio France, je reçus une alerte du *Monde* sur mon téléphone portable :

« Mathieu Gallet poussé à la démission.

Françoise Nyssen déclare : "Les dirigeants d'entreprises publiques ont un devoir d'exemplarité. Un dirigeant d'entreprise publique condamné pour favoritisme, ce n'est pas une situation acceptable. Il appartient à l'intéressé d'en tirer les conséquences, ainsi qu'au Conseil supérieur de l'audiovisuel, légalement compétent". »

Le ton avait changé et la ministre m'appelait donc à mots non couverts à partir. Stupeur à Radio France où l'on avait scruté la presse du matin qui s'était montrée neutre et factuelle sur ma condamnation. Les syndicats de la maison étaient très prudents sur la suite à donner à la décision de justice, mais ils n'avaient pas demandé le départ de leur PDG condamné pour des faits antérieurs à ses fonctions actuelles dans la « Maison ronde ».

J'avais bien compris que derrière le changement de ton de la ministre de la Culture, il y avait une volonté politique. Une fois arrivé au bureau, j'appelai la directrice de cabinet de Françoise Nyssen.

— Tu sais, j'ai fait quatre ans de cabinet donc je ne crois pas que ce soit la nuit qui ait porté conseil à Françoise, lui lançai-je au téléphone. L'Élysée veut que je parte. Je peux le comprendre. Un an de prison, ça fait mauvais effet, même si l'appel est suspensif. Je trouve ça très injuste, car je n'ai pas commis ce qu'on me reproche ; je suis prêt à discuter de mon départ, mais il faut le programmer. Mon mandat se termine dans quinze mois. Il faut juste me laisser le temps de me retourner. Je ne suis pas fonctionnaire, je suis sans filet.

La directrice de cabinet paraissait bien embêtée de devoir soutenir une décision qui la dépassait.

— Tu peux leur dire que je peux tout à fait parler de démission, si c'est leur souhait, mais je veux en parler à bon niveau, au « Château ». Ce n'est pas chez vous que se jouent ces choses-là.

Notre discussion fut de cette teneur, franche, froide, sans affect. Je savais de toute façon que le match était plié ou que la messe était dite, selon que l'on choisisse la référence sportive ou religieuse.

Le CSA devait prendre désormais position et il n'avait plus guère le choix maintenant que la ministre avait publiquement demandé qu'il le fît. Olivier

Schrameck m'appela pour m'annoncer que le lendemain, le 17 janvier, le collège se saisirait de mon cas et prendrait la décision adéquate. La posture du gouvernement le contraignait à ouvrir une procédure en vue du retrait de mon mandat.

Le mercredi matin, je partis de bonne heure pour un petit déjeuner chez AXA, à l'invitation de son nouveau directeur général, Thomas Buberl, dans le magique hôtel de La Vaupalière qui abrite le siège social du groupe. Thomas avait pensé que j'allais annuler après les déclarations de la veille. Il s'étonna que j'aie maintenu notre rendez-vous et de mon air quasi décontracté :

— Je ne sais pas comment tu fais, me dit-il. Moi, je serais totalement angoissé.

— Je n'ai pas choisi cette situation, tu sais. Et la décision ne m'appartient pas non plus, lui répondis-je. Alors il vaut mieux continuer à vivre comme si…

Au même moment, la ministre de la Justice, Nicole Belloubet, était l'invitée de Nicolas Demorand et Léa Salamé sur France Inter. La question de la condamnation du PDG de Radio France lui fut posée par le matinalier, et la réponse de la garde des Sceaux ne laissait aucun doute sur la suite.

— *Doit-il démissionner alors qu'en droit, la peine est suspensive ?*

— *Il y a une question d'éthique personnelle qu'il lui appartiendra de prendre en compte. Effectivement, la peine est suspensive, donc je ne me prononcerai pas sur ces affaires judiciaires.*

— *Est-ce que l'éthique personnelle est une valeur supérieure au droit ?*

— *Ce n'est pas une valeur supérieure au droit, car dans un État de droit il n'y a rien de supérieur à la règle de droit, mais c'est un comportement personnel qui, me semble-t-il, doit accompagner la règle de droit.*

La consigne était bien passée et les éléments de langage établis avec précision. Chaque membre du gouvernement qui aurait à répondre à la question « Doit-il partir ? » devait fournir la même réponse : « Exemplarité, éthique personnelle, besoin d'avoir confiance dans les dirigeants publics ». La question de la présomption d'innocence était vite évacuée, car dans la société de l'émotion qui est la nôtre, elle ne pèse plus. Le temps du droit, face aux sentiments exacerbés par l'immédiateté de la communication, que peut-il ? Plus grand-chose.

Dans l'après-midi, le CSA annonça qu'il ouvrait une procédure pour révocation.

« Dans sa séance plénière de ce jour, le Conseil supérieur de l'audiovisuel a décidé de mettre en œuvre l'article 47-5 de la loi du 30 septembre 1986 modifiée. Au terme de la procédure, sa décision interviendra le plus rapidement possible dans le respect du contradictoire et notamment après la communication du jugement rendu à l'égard de M. Mathieu Gallet », indiquait le communiqué de presse. Les membres du CSA allaient désormais convoquer toutes

les parties du dossier, et la décision était attendue au plus tard deux semaines après.

Le soir, nous étions invités à dîner à l'improviste chez François et Maryvonne Pinault. Je connaissais le couple par l'intermédiaire de Renaud Donnedieu de Vabres depuis quelque temps déjà. Ils avaient tenu, comme d'autres le feront après eux, à me manifester leur amitié et leur soutien dans cette nouvelle tempête. Je fus très entouré pendant les quinze jours qui suivirent. Cela me donnait du courage et me confortait dans ma volonté de me battre jusqu'au bout. Je vivais la condamnation et encore plus les mots choisis par le tribunal dans sa décision comme une blessure profonde. J'étais atteint dans mon honneur et celui de ma famille. Je ne l'ai pas évoqué jusqu'ici, mais mes parents étaient évidemment bouleversés par le jugement. Eux qui vivent à la campagne, dans ce Sud-Ouest rural, encore trop sensibles aux bruits du village, aux regards des autres, étaient prostrés et meurtris. Inquiets pour moi aussi. J'avais mal pour eux, encore davantage que pour moi-même. C'étaient la réussite de leur fils qui était salie, la fierté que leur donnait son parcours qui était blessée, l'enfant auquel ils avaient donné des valeurs qui était abîmé.

Les mots violents du jugement me rappelaient ceux du tribunal correctionnel de Nanterre qui, en janvier 2004, avait condamné en première instance Alain Juppé à dix-huit mois de prison avec sursis et dix ans d'inéligibilité pour prise illégale d'intérêt dans l'affaire des emplois fictifs du RPR. « Alain Juppé a trompé la confiance du peuple souverain». *Libération* en avait fait son titre, en surimpression d'une photo de l'ancien Premier ministre de Jacques Chirac, blazer bleu marine et pantalon gris, visage fermé.

«Trompé la confiance du peuple souverain», quelle sentence morale! Les juges, face aux puissants, ne peuvent s'empêcher de faire la morale, de faire «des exemples». Ils la font aussi aux petits délinquants anonymes qui chaque jour passent en comparution immédiate. C'est brutal, violent, mais ça ne fait pas le *buzz*. Alors qu'un politique, un dirigeant d'entreprise, une star du showbiz, c'est l'assurance de connaître les vertiges des cimes judiciaires, de celles qui enivrent. C'est le quart d'heure warholien du magistrat.

Après avoir vécu pendant des décennies sous la pression de l'exécutif qui convoquait tel procureur parti faire de l'alpinisme, dessaisissait tel juge d'instruction quand une affaire devenait trop embarrassante, les juges avaient gagné leur indépendance et ils comptaient exercer leur pouvoir, leur plein pouvoir, sans contre-pouvoir. La justice n'est pas une abstraction immanente et la définition qu'en fait Montesquieu dans *L'Esprit des lois* n'y suffit pas. «Les juges de la nation ne sont que la bouche qui prononce les paroles de la loi, des êtres inanimés, qui n'en peuvent modérer ni la force ni la rigueur.»

Les juges sont des femmes et des hommes qui vivent dans une société, à une époque, dans une nation donnée, autant d'éléments qui jouent sur leurs perceptions. Ils ne vivent pas dans une bulle étanche, coupés du monde qui les entoure. Ils sont perméables à l'air du temps, ils sont en quelque sorte humains. Comment ne pas apprécier un dossier sans avoir à l'esprit ce qu'on a lu dans la presse, vu à la télévision, entendu à la radio ?

Le 18 janvier, nous nous rendîmes à la soirée que donnait l'ambassadrice des États-Unis en France dans son hôtel particulier à deux pas de l'Élysée. Sur place, je tombai nez à nez avec le conseiller en communication du président de la République, Sylvain Fort. Celui-ci, me dit-il, compatissait avec le sort que la justice m'avait réservé, et trouvait choquants les mots de la ministre de la Culture, et même sa stratégie de pression sur le CSA.

— Je te promets qu'il n'y a pas de volonté de notre part de te virer, m'assura-t-il. On est tombés de notre chaise nous aussi quand on a vu le jugement. Et de toute façon, il n'y a pas de plan B.

— Parles-en à Alexis alors. Je suis prêt à en discuter pour ne pas mettre le CSA dans une mauvaise posture. Mais il me faut un peu de temps pour me retourner.

Je ne savais pas s'il jouait la comédie, s'il faisait le candide ou bien si la décision avait été prise bien au-dessus de ses capacités d'influence. Mais Alexis Kohler, le secrétaire général de l'Élysée, et moi, nous nous appréciions depuis longtemps, depuis que nous nous étions connus à Bercy, au milieu des années 2000. Nous partagions une même vision d'un audiovisuel public qui devait être modernisé pour être plus efficace. Je n'avais pas pour autant envie de prendre l'initiative de discuter des *scenarii* de mon départ avec lui. Je venais de faire passer en haut lieu pour la deuxième fois en deux jours le message que j'étais prêt à démissionner. La balle était désormais dans le camp de l'Élysée. Qui ne la saisit pas au bond, bien au contraire. Certains amis communs aux locataires du 55, rue du Faubourg-Saint-Honoré et du 116, avenue du Président-Kennedy tentèrent bien de plaider ma cause. Mais rien n'y fit, pas même au niveau du secrétaire général.

Très vite dans les rédactions, le durcissement de ton de la ministre de la Culture fut interprété comme une pression de l'Élysée pour me débarquer. Et la coordination de la parole gouvernementale donnait de la crédibilité à cette thèse. Macron avait baissé le pouce, ou plutôt, on lui avait conseillé ou demandé de le faire. Mais qui ? La réponse était à chercher du côté de « l'aile Madame » du palais. D'aucuns se souvenaient de l'agacement partagé dans Paris par les amis des Macron sur ce président de Radio France qui s'amusait de la rumeur lui prêtant une liaison avec l'ancien ministre de l'Économie. On l'a vu, certains étaient venus m'avertir de cet agacement, d'autres comme la papesse des paparazzi avaient même imaginé mettre en scène un dîner avec Brigitte et Emmanuel pour tenter de couper court à de tels ragots.

Mes proches se perdaient en conjectures sur les raisons de ce changement brutal d'attitude de la présidence de la République.

« Lui, à mon avis, il s'en fout, estimait l'un d'entre eux. Mais j'imagine bien qu'autour d'elle, certains petits marquis sont venus remuer le couteau dans la plaie. Et que d'autres conseillers ont dû montrer les tweets de trolls qui s'amusaient à écrire : "*Il ne lui arrivera rien à Gallet, il est protégé en haut lieu*" ou pire : "*Il est protégé par son amant Macron donc il ne sera pas viré*". À l'Élysée, ils sont obsédés de toute façon par ce qui se dit sur les réseaux sociaux. »

Un autre faisait une analyse froide de la situation qui plaidait objectivement en ma défaveur : « N'oublie pas que tu n'as pas que des amis autour des Macron. Et en plus, tu vas libérer un job et on mettra quelqu'un de proche à ta place. Te virer, c'est faire un *strike* : on met en avant l'exemplarité attendue des dirigeants publics, on coupe court aux fantasmes de l'amant caché, on dispose d'un poste important pour y mettre quelqu'un de confiance. C'est bingo. »

Vu ainsi, se débarrasser de moi présentait beaucoup d'avantages. Les filets lancés par la gauche en 2015 avaient fini par m'avoir. Et la nouvelle majorité présidentielle n'avait plus qu'à se baisser pour ramasser et exfiltrer un gros poisson encombrant. En saisissant cette opportunité, on tuait définitivement une rumeur qui pouvait empoisonner le pouvoir désormais en place. On laissa alors au CSA le soin d'accomplir la sale besogne.

Le Conseil recueillit pendant une dizaine de jours les contributions que les parties prenantes voulurent bien lui adresser par écrit. Les syndicats prirent leur plume, des producteurs de Radio France aussi, le chef d'orchestre de l'Orchestre national de France, Emmanuel Krivine enfin. Aucun message ne vint appuyer l'hypothèse de la révocation. Et cependant…

Le 29 janvier 2018, un lundi, j'avais un nouveau rendez-vous avec le collège du CSA. Près de quatre ans après m'avoir élu à l'unanimité, ses membres devaient décider si j'étais ou non en mesure de poursuivre ma mission à Radio France. Pour l'occasion, j'étais accompagné de quatre avocats : Christophe Ingrain et Rémi Lorrain qui m'avaient défendu devant le tribunal de Créteil, auxquels s'étaient joints Henri Savoie et Jean-Michel Darrois lui-même. La délégation avait de quoi impressionner, surtout les fins juristes comme l'était le président du CSA, Olivier Schrameck. Membre du Conseil d'État, il était avant tout un homme de droit. La présence de son ancien collègue du Palais-Royal, Henri Savoie, spécialiste du droit et du contentieux publics, et surtout la figure de Jean-Michel Darrois, l'un des avocats les plus respectés et influents de la place de Paris, faisaient forte impression. Maître Darrois était venu en personne me soutenir. Par conviction, par affection aussi. Lui et moi ne nous connaissions pas avant, mais quand Christophe Ingrain m'avait fait savoir que « JMD » voulait me rencontrer, je n'avais pas hésité.

« Je veux vous aider », m'avait-il simplement dit, une semaine plus tôt, en préambule de notre première entrevue, dans son bureau au style japonisant d'où s'échappaient par de grandes fenêtres les volutes de fumée de ses longues cigarettes.

J'étais défendu par la crème de la crème des avocats parisiens, et ce à titre amical car j'aurais été bien en peine de pouvoir payer les honoraires d'un tel quatuor.

Alors, fort de ce soutien et de la confiance qu'il me donnait, pendant plus de trois heures, face aux huit membres du collège, je me défendis pied à pied, tandis que les quatre mousquetaires qui m'accompagnaient portaient le fer contre une enquête bâclée, un jugement biaisé, une décision administrative impossible à justifier en droit.

Le soir même, pour nous détendre, Antoine et moi regardions un documentaire sur France 3 consacré à *La télé des années 1980*, époque de libération de l'audiovisuel de l'emprise de l'État. Canal+, La Cinq, M6 furent créées dans la même vague, qui alla jusqu'à la privatisation de TF1. Et du côté des ondes, ce fut l'éclosion des radios libres, d'un secteur privé bouillonnant qui ne se limitait plus aux radios dites périphériques émettant depuis l'étranger – RTL, Europe 1, RMC.

Les choses avaient bien changé depuis l'époque gaullienne où les journaux télévisés étaient soumis à la tutelle du ministère de l'Information. En y repensant, je me rassurais sur mon propre sort : le CSA avait été créé pour matérialiser cette distance nécessaire en démocratie entre l'État et les médias. Il ne pouvait donc pas marquer un retour de trente-cinq ans en arrière en révoquant un dirigeant de média public sous la pression du gouvernement. En outre, j'avais fait appel et j'étais présumé innocent.

Quarante-huit heures passèrent entre mon audition et la décision du collège. C'étaient pour moi deux journées périlleuses, de celles qui permettent de retourner les plus récalcitrants, les plus imperméables aux pressions. Peu avant midi, je reçus le message d'un journaliste bien informé : « Selon mes informations, tu as sauvé ta tête. Info du ministère qui la tient du CSA. »

Je savais que la réunion du collège s'était terminée en fin de matinée. Mais ses membres étaient allés tranquillement déjeuner en ville et rien ne filtrait de la tour Mirabeau dont la vue est plongeante sur Radio France. Je sortis m'acheter une salade, l'estomac noué par l'attente.

Je regardais si la ligne de ma secrétaire passait au rouge, signalant la prise d'un appel. Vers 15 heures, Leïla passa une tête dans mon bureau pour partager sa surprise :

— Je viens d'avoir un appel de la secrétaire de Schrameck. Elle voulait que je lui passe le directeur de cabinet. Je lui ai dit qu'il n'y en avait pas ici mais qu'il y avait une secrétaire générale. Elle s'est excusée, toute confuse, en m'avouant qu'elle s'était trompée de destinataire et elle a raccroché précipitamment.

D'évidence, le président du CSA souhaitait réserver la primeur de sa décision à l'exécutif. Comme il y avait une directrice de cabinet au ministère de la Culture, j'en déduisis que c'était Matignon qu'Olivier Schrameck avait souhaité prévenir en la personne de Benoît Ribadeau-Dumas, le plus proche collaborateur du Premier ministre Édouard Philippe. Cette erreur d'aiguillage de la secrétaire n'était pas annonciatrice d'une bonne nouvelle. Quelques minutes plus tard, le nom d'Olivier Schrameck apparut sur l'écran de mon iPhone.

— Bonjour Mathieu. Voilà, je t'appelle, et c'est pour t'annoncer que le collège a voté pour le retrait de mandat. Nous l'annoncerons dans trente minutes par communiqué de presse. La prise d'effet sera au 1er mars. Je suis désolé, mais nous n'avions pas le choix.

Je ne me souviens plus de ce que je lui ai répondu à ce moment-là, ma mémoire a comme occulté ma réaction, quand j'ai pris conscience que la partie était perdue.

Voilà, c'était fini.

Maïa Wirgin, dont le bureau était attenant au mien, avait ouvert la porte commune aux deux pièces quand elle me vit au téléphone. Je baissai simplement mon pouce gauche pour lui signifier ma révocation. J'appelai ensuite mes parents dont je pouvais imaginer à l'autre bout du fil les visages défaits et les yeux embués à l'écoute de ma voix éteinte. Puis ce fut le tour d'Antoine et enfin de mon avocat, celui qui m'avait accompagné dans mes mésaventures judiciaires depuis 2011. La tristesse s'abattit sur le cabinet Darrois, sur ces ténors du barreau qui n'avaient pas compté leurs heures pour me défendre.

Je demandai au comité exécutif de me rejoindre dans le bureau : Maïa Wirgin, Laurent Guimier, Monique Denoix, Sibyle Veil, Jean-Claude Luciani, Serge Schick, Michel Orier, Laurent Frisch. Toute la garde rapprochée comprit que l'aventure commune allait s'achever dans quelques semaines.

Éric me ramena quai du Louvre avant que la nouvelle ne fût rendue publique dans l'après-midi. Je ne voulais croiser personne pour ne pas montrer un visage abattu et triste. J'entendis l'annonce de ma propre révocation à la radio, sur franceinfo, assis dans le canapé, en regardant la Seine couler.

Le soir, Laurence Bloch invita tous les directeurs et toutes les directrices de chaînes ainsi que les membres du comex chez elle, dans le XIVe arrondissement, pour un apéritif dinatoire. Antoine nous rejoignit vers 21 heures avec un gros bouquet de fleurs pour moi. L'ambiance était joyeuse malgré les circonstances. Monique Denoix avait apporté un bon givry blanc, bien gras et beurré, comme elle sait que je les aime. Je voyais bien que nous avions plaisir à être ensemble. En marchant un peu sur le chemin du retour, je dis à Antoine : « Ce que j'ai le mieux réussi, c'est eux, c'est elle, c'est cette équipe. » Et je me mis à pleurer dans ses bras.

Radio Gaga

Le jeudi 1er février, je pris le TGV de 10 h 40, qui allait m'emmener à Arcachon avec une correspondance à Bordeaux. Depuis la veille, j'avais reçu des centaines de SMS auxquels j'allais mettre plusieurs semaines à répondre. Certaines de ces manifestations amicales passèrent directement par des appels téléphoniques. Ce fut le cas de l'ancien Premier ministre Bernard Cazeneuve et de l'ancien président de la République Nicolas Sarkozy qui m'appela à l'heure de l'apéritif. J'étais arrivé à «Petite Plaisance», et nous conversâmes un long moment avant de nous donner rendez-vous plusieurs semaines plus tard, à Paris. Les hommes politiques, de gauche et de droite, furent particulièrement attentifs à me témoigner leur soutien. Je devinais pourquoi, tant la vie politique est faite de succès et d'échecs, de traversées du désert et de reconquêtes. Une autre raison, certainement moins avouable, était aussi à trouver dans les démêlés qu'eux-mêmes pourraient ou avaient déjà pu avoir avec la justice.

« Il y a de toute façon une compréhension, une compassion parmi les gens qui ont eu affaire avec les juges dans leur vie, confiai-je à mes parents inquiets plus tard dans la soirée. C'est une sorte de club informel – et bien involontaire – pour ceux qui ont connu une garde à vue, une audition chez un juge d'instruction ou un procès en correctionnelle. On ne peut pas comprendre ce que l'on peut ressentir tant qu'on ne l'a pas vécu dans sa chair et dans sa tête. C'est une expérience traumatisante, même quand elle se finit bien. » Ce qui n'était pas mon cas.

Je passai trois jours et trois nuits seul à Arcachon, avant qu'Antoine me rejoignît le samedi soir seulement.

« J'ai bien dormi, profondément, j'étais épuisé moralement. J'ai beaucoup rêvé, beaucoup pleuré dans mes rêves, mais maintenant ça va », lui avouai-je le soir de son arrivée, alors que nous dînions au restaurant de l'hôtel *Ville d'Hiver* où nous avions nos habitudes. Mes parents vinrent le dimanche. C'était important pour eux de voir leur fils en bonne santé mentale. Le dimanche soir, nous rentrâmes à Paris, laissant à mes parents les clefs de « Petite Plaisance » où eux aussi avaient bien besoin de prendre du repos.

Le lundi, j'avais prévu de m'adresser aux salariés en fin de matinée en lieu et place des traditionnels vœux à l'entreprise que je n'avais pas faits en janvier, compte tenu des circonstances incertaines. Tous étaient réunis dans l'auditorium après un service de répétition de l'Orchestre philharmonique de Radio France.

Les collaborateurs de France Bleu en régions pouvaient suivre le discours sur l'intranet de l'entreprise. Avec toute mon équipe debout derrière moi, je pus m'adresser à ceux qui, trois ans plus tôt, pour un certain nombre d'entre eux, étaient venus dans la salle voisine, le Studio 104, assister à l'exercice impossible d'explications d'un jeune PDG en pleine contestation sociale. Le premier rang était sensiblement le même, garni par l'ensemble des composantes syndicales, des plus hostiles aux plus conciliantes. Un discours bref, dix minutes, pour dire merci et au-revoir. Maïa Wirgin m'avait préparé des pense-bêtes pour remémorer quelques réussites collectives : la relance des antennes et les records d'audience, les succès grandissants des podcasts, le lancement du média global franceinfo, l'ouverture de la «Maison ronde» vers l'extérieur avec salles de concerts, restaurant et bar.

«Nous avons remis ensemble le public au centre du service public», leur dis-je. J'étais confiant dans l'avenir de la radio publique car elle était conduite par une équipe, la meilleure des équipes, qui garantirait la pérennité des actions accomplies en presque quatre années. «Ma plus belle fierté, ajoutai-je, c'est eux derrière moi, et c'est avec eux que vous continuerez à donner le meilleur de vous-mêmes au service de tous.»

J'avais prononcé ces derniers mots sans larmes, sans avoir la gorge nouée, sans que l'on puisse trop deviner l'émotion qui m'étreignait alors. Sans pathos, car j'avais pris le temps de soigner ma tristesse, selon la formule qui me vint sur le moment. J'avais un mois pour mettre mes affaires en ordre et me retirer de la scène.

La neige était tombée en abondance sur Paris en ce début de mois de février. Je n'avais plus eu un seul échange avec l'exécutif depuis que le CSA m'avait démis de mon mandat. Les ministres reprenaient dans leurs interviews dans les journaux, à la radio ou à la télévision les mêmes éléments de langage : « Le CSA a agi en toute indépendance », « La situation de l'intéressé était de toute façon intenable car les dirigeants publics se doivent d'être exemplaires », comme l'expliqua le porte-parole du gouvernement, Benjamin Griveaux, sur Europe 1. Le président du CSA s'était retranché dans le silence autant pour des raisons tactiques que juridiques. J'avais la possibilité de saisir le Conseil d'État en référé-suspension pour contester la décision « des sages » de la tour Mirabeau, bien que l'expression ait perdu de son sens pour l'occasion – c'était mon avis et il était assez largement partagé dans les milieux informés. Le CSA avait cédé aux pressions du gouvernement, et nombre d'observateurs voyaient derrière ce limogeage du PDG de Radio France la main de l'Élysée. Les articles de presse fleurissaient pour trouver des raisons à cette sanction. Le besoin d'exemplarité, évidemment, la perte d'autorité, certainement, mais aussi l'envie d'envoyer un message clair : non, Mathieu Gallet n'était pas le protégé du pouvoir. C'était une façon franche et évidente d'affirmer *urbi et orbi* qu'aucune relation d'aucune sorte ne me liait au président de la République.

Certains allèrent jusqu'à écrire que c'était une demande expresse de la première dame qui «ne supportait plus Gallet». «Mathieu a payé le prix de la rumeur», comme le confia plus tard à un ami commun un conseiller de l'Élysée retourné depuis lors dans le privé. Frédéric Mitterrand, fidèle dans son soutien, alla jusqu'à reprendre cette idée dans les médias. Cela lui valut d'être invité par Brigitte Macron, soucieuse de se défendre à tout prix auprès de lui d'être à l'origine de la disgrâce de son ancien directeur-adjoint de cabinet. Quelques semaines plus tard, c'est Valérie Trierweiler, l'ancienne compagne du Président François Hollande, qui me confessa avoir été la première à informer en 2016 Brigitte Macron de la rumeur qui courait dans Paris d'une liaison entre son mari et moi.

— Depuis que je lui ai dit ça, un jour à déjeuner en tête-à-tête à Bercy, c'est devenu une obsession pour elle. Elle fera tout pour détruire ce bruit qui la mine.

Je pris l'attache de François Sureau, avocat au Conseil d'État – et proche d'Emmanuel Macron – pour sonder l'homme de lettres et de droit qui avait permis à la chaîne Numéro 23 de Pascal Houzelot d'être rachetée par le groupe Altice, malgré l'opposition du Conseil supérieur de l'audiovisuel. Maître Sureau me déconseilla d'aller au contentieux pour contester la décision du CSA.

— Vous perdrez. Passez à autre chose.

— Je n'ai pas l'intention d'y aller en référé, de toutes les façons, lui répondis-je. Je ne vais pas m'accrocher à mon fauteuil. Mais sur le fond, je trouve cette décision grave. C'est un bond en arrière de trente ans. L'indépendance des médias publics n'est pas un acquis, il faut se battre pour elle. Et là, j'ai l'impression que tout le monde se couche.

Je n'étais pourtant pas un grand naïf – j'avais eu mon vaccin et plusieurs doses de rappel pour m'en prémunir –, mais parfois certains de mes principes pouvaient entraver ma lucidité.

Les journalistes médias s'étaient mis à enquêter pour savoir ce qui avait pu conduire le CSA à s'exécuter ainsi. Une raison, entre autres, était évoquée. Un siège au Conseil constitutionnel devait être attribué en 2019 pour remplacer l'ancien Premier ministre Lionel Jospin. Son ancien directeur de cabinet, dont le mandat au CSA se terminait justement en janvier 2019, conseiller d'État et ancien secrétaire général du Conseil constitutionnel, pouvait légitimement prétendre au poste. Le couronnement d'une carrière au service de l'État pour Olivier Schrameck qui venait de rendre un service au pouvoir. L'hypothèse n'était pas impensable. La force de conviction, pour le dire avec litote, qu'il sembla déployer au sein du collège du CSA pour faire voter le retrait de mon mandat conforta dans leur opinion ceux qui voyaient là un échange de bons procédés entre la tour Mirabeau et l'Élysée.

Une semaine après la décision du CSA, j'étais invité à la soirée inaugurale de la Fondation d'entreprise des

Galeries Lafayette, Lafayette Anticipations. Le Tout-Paris de la culture et des médias était présent pour un dîner réalisé par le chef Alain Passard dans ce nouvel espace ultra-contemporain situé au cœur du Marais. La veille, j'avais été prévenu par la direction des Galeries que le cabinet de la ministre de la Culture avait souhaité connaître la liste des invités. À la lettre G, les conseillers de Françoise Nyssen avaient tiqué et demandé que le nom de Gallet soit retiré. Les propriétaires des Galeries, la famille Moulin-Houzé, étaient devenus de bons amis au fil des années. Les deux fils de Philippe Houzé, Nicolas et Guillaume, désormais aux manettes avec leur père, sont de la même génération que moi. Ils avaient fait passer le message à la rue de Valois qu'ils ne comptaient pas rayer de leurs listes un proche de la famille. La soirée se déroula parfaitement. Quand Françoise Nyssen me croisa pendant le cocktail, il n'y avait que des conseillers «mal conseillants» pour avoir pu craindre un carambolage : la ministre et celui qu'elle avait appelé à la démission quelques semaines plus tôt échangèrent avec une affection non feinte qui me confirma, si j'en avais douté, qu'elle n'avait fait alors que son devoir de ministre. Sans zèle, mais sans être dénuée non plus du sens de la hiérarchie et de ses propres intérêts.

Plus tard dans la soirée, apparut soudain dans la pénombre Gérard Depardieu venu chanter, pour les *happy few* que nous étions, des chansons de Barbara.

« Je vous le dis du bout des lèvres, vous m'agacez du bout du cœur. Vos cris me dérangent, je rêve. Je rêve. »

Je partis ensuite m'isoler pour quelques jours à Cadaqués. Ma tante et mon oncle m'avaient confié les clefs de leur maison située au cœur du village catalan que balayait une tramontane glaciale en ce mois de février. J'avais emporté avec moi quelques bouquins et de gros pulls qui ne suffisaient pas à me réchauffer la nuit malgré le poêle qui brûlait au bout du lit. Ce dénuement passager était bienvenu pour me préparer à quitter bientôt la vie bien remplie que j'avais connue depuis presque vingt ans.

Avec mon retour à Paris vint le temps des paquets, des cartons et du papier bulle. Antoine m'aida à ranger mon bureau et à préparer mes effets professionnels et personnels qui passeraient des mois stockés dans un cagibi de Radio France. Toutes mes archives me suivaient depuis mes années chez Canal+. Quinze années de documents papier, de bibelots, de livres, de tableaux, de lampes qui avaient fait le voyage au gré de mes bureaux : Boulogne, Issy-les-Moulineaux, Bercy, la rue de Valois, Bry-sur-Marne et enfin l'avenue du Président-Kennedy. Pour la première fois depuis 2001, je me retrouvais sans lieu de travail et sans travail tout court.

Le 22 février, je réservai mes dernières (et premières depuis ma révocation) interventions publiques aux stations de la Maison : la matinale de France Inter puis *Musique émoi* sur France Musique.

Je savais que mes parents m'écoutaient, en prenant leur petit déjeuner, rire de moi-même en « donnant les clefs » de Radio France à l'humoriste Daniel Morin dont je faisais mon successeur légitime dans un sketch. Puis à 7 h 50, au micro de Léa Salamé, je répondis à la question sur ma vie d'après.

— *Qu'est-ce que vous allez faire maintenant ?*

— *Je vais partir quelques jours en vacances et puis ensuite je vais chercher du boulot. C'est le lot de beaucoup de Français. Comme je l'ai dit à mes parents, qui s'inquiétaient pour moi, des gens qui se font virer, il y en a tous les jours dans ce pays et pas forcément dans les mêmes conditions que moi. Alors je ne vais pas me plaindre.*

L'après-midi, j'enregistrai avec Elsa Boublil cette longue émission comme seul le service public sait encore en produire, *Musique émoi*, deux heures d'interview intime autour des choix musicaux d'un invité. Une sorte de *Radioscopie* comme l'a pratiquée pendant plusieurs décennies Jacques Chancel sur France Inter, mais en musique. J'avais choisi des œuvres que mes amis mélomanes, qui connaissaient mes goûts, pouvaient deviner par avance : Mozart, Beethoven, Wagner, Mahler, Tchaïkovski, Richard Strauss mais aussi Léo Ferré, Michel Legrand et Barbara.

J'avais voulu ouvrir l'émission avec la scène finale des *Parapluies de Cherbourg*, l'histoire de deux êtres qui sont passés à côté de la vie amoureuse qu'ils auraient voulu avoir, qui en ont eu une autre, par défaut, alors que le temps, lui, a passé.

Dans un lapsus musical, car je ne l'avais pas fait à dessein, j'avais fait appel à Depardieu, une fois encore, chantant Barbara pour clore cette émission du dimanche matin :

« Dis !
Quand reviendras-tu ?
Dis ! Au moins le sais-tu ?
Que tout le temps qui passe
Ne se rattrape guère…
Que tout le temps perdu
Ne se rattrape plus ! »

Le lendemain, je m'envolais pour l'Argentine. Une autre vie s'ouvrait devant moi.

Et maintenant, que vais-je faire ?

« Comment va Mathieu ? ». Qu'il s'agisse d'Antoine, de mes parents ou de mes ex-collaborateurs, combien de fois cette question leur aura-t-elle été posée au cours de ces semaines du printemps 2018 ! Par facilité autant que par sincérité chacun ne pouvait répondre que par « bien ». Car j'étais loin. Loin pour oublier, loin pour profiter, loin pour préparer ma vie d'après. Mais laquelle ?

Je partis d'abord en Amérique du Sud, en Argentine, en Uruguay et au Brésil où je fus accueilli par des amis. Pendant ce séjour dans l'hémisphère sud, se mit en place la procédure de désignation de mon successeur. Le doyen du conseil d'administration, l'ancien DRH de PSA-Peugeot-Citroën Jean-Luc Vergne, assurait l'intérim. Rapidement, les pistes d'une succession dans la continuité se dégagèrent car aucune candidature externe ne s'imposait. Laurent Guimier, le directeur délégué aux antennes et aux programmes, fort de son succès précédent à franceinfo, pouvait prétendre au poste de PDG.

Maïa Wirgin était aussi légitime à candidater. Mais elle avait compris d'elle-même que les circonstances ne jouaient pas en sa faveur.

« N'aie pas de regret, lui dis-je plus tard. Tu étais deux promotions trop tard ». Je faisais référence alors à la promotion Léopold Sédar Senghor de l'ENA, celle du nouveau président de la République dont était issue en revanche mon autre collaboratrice énarque, Sibyle Veil. Directrice déléguée aux opérations et aux finances, Sibyle fit connaître ses intentions dans les premières semaines qui suivirent ma révocation. Elle m'appela en Uruguay pour recueillir mon avis.

« Bien sûr qu'il faut que tu y ailles ! Dans la vie, quand le train passe, il faut savoir monter dedans. » C'était ce que m'avait dit Frédéric Mitterrand pour expliquer pourquoi il avait accepté de devenir ministre de Nicolas Sarkozy. J'avais moi-même repris cette phrase pour justifier ma candidature à l'INA avant qu'il ne la soutienne pleinement. J'étais d'autant plus enthousiaste que la candidature de Sibyle Veil avait fait l'objet d'une discussion et d'un accord avec Laurent Guimier qui renonçait – il prit quelques mois après la direction d'Europe 1. Cette candidature apparut ainsi comme l'unique solution interne, garante de la poursuite du travail entrepris depuis 2014.

J'avais recruté Sibyle en juillet 2015, à la sortie du grand mouvement social qui avait failli m'emporter. Après avoir traversé la tempête, je voulais réorganiser mon équipe en actant la suppression du poste de directeur général délégué pour le scinder en trois : le secrétariat général, les ressources humaines, les opérations et les finances. Pour ce dernier poste, j'avais fait appel à un cabinet de chasseurs de têtes, l'un des plus prestigieux, Egon Zehnder. À l'issue du processus d'*executive search*, deux candidates avaient retenu mon attention : Sibyle Veil qui venait de quitter l'Assistance publique Hôpitaux de Paris, et Emmanuelle Wargon qui cherchait à quitter la Délégation générale à l'emploi et à la formation professionnelle. Deux énarques, l'une marquée à droite – Sibyle Veil était au cabinet de Nicolas Sarkozy à l'Élysée – et l'autre à gauche – auprès de Bernard Kouchner puis de Martin Hirsch. Finalement le contact était mieux passé avec la femme de l'un des petits-fils de Simone Veil qu'avec la fille de l'ancien secrétaire d'État Lionel Stoleru. Entre deux bons candidats, à la fin, c'est l'humain qui fait pour moi la différence. Sibyle s'était parfaitement intégrée à mon équipe et avait joué collectif, ce qui était primordial. Les tensions provoquées par le conflit social au sein de l'équipe dirigeante de Radio France avaient été fortes et les changements de têtes de l'été 2015 contribuèrent à les réduire puissamment.

Sa candidature avait aussi l'avantage d'être compatible avec le nouveau pouvoir, comme je l'avais laissé entendre à mon équipe. Son propre mari, Sébastien, que j'apprécie est lui aussi issu de la promotion 2004 de l'ENA et fut un conseiller actif dans l'équipe de campagne d'Emmanuel Macron en 2017. Ce dernier aspect de l'impeccable curriculum vitae de Sibyle Veil avait d'ailleurs été noté avec malice par le Premier ministre Manuel Valls le jour où nous prenions un petit déjeuner ensemble à Matignon, à l'été 2015, alors que *Le Figaro* annonçait la prochaine nomination de Sibyle auprès de moi.

« Si en plus c'est une proche d'Emmanuel Macron, elle ne peut qu'avoir de grandes qualités », m'avait lancé Valls entre deux bouchées de pain sans gluten. Son ton ironique laissait déjà paraître en juillet 2015 un certain agacement à l'égard de son ambitieux ministre de l'Économie qui faisait tout pour attirer sur lui la lumière.

Près de trois ans plus tard, cette proximité entre le nouveau président de la République et la nouvelle candidate à la présidence de Radio France n'avait pas échappé aux concurrents sérieux pour le poste. Sa désignation ne devait être qu'une formalité pour nombre d'entre eux, ce qui avait découragé bien des vocations. Ironie du sort, ce fut un CSA réduit à cinq membres qui procéda à sa désignation en avril 2018 : le président Olivier Schrameck et la conseillère Carole Bienaimé Besse devaient faire face l'un et l'autre à de graves soucis de santé qui les tinrent éloignés de leurs postes pendant plusieurs mois.

« C'est la malédiction de Rascar Capac qui s'abat sur le CSA ! » répondais-je avec mes références enfantines aux *Aventures de Tintin* à ceux qui faisaient remarquer que mon éviction par le Conseil n'avait pas porté chance à ses auteurs.

À Paris, les équipes de Radio France s'apprêtaient à accueillir une présidente, pour la première fois depuis Michèle Cotta, en 1981.

« Je suis content pour Sibyle, avais-je dit à son époux. On ne dira plus d'elle qu'elle est la femme de Sébastien Veil, on dira maintenant de toi que tu es le mari de Sibyle Veil ! »

Après l'Amérique du Sud, j'étais allé en Californie à l'invitation de Jean-Michel Jarre qui se produisait au Festival de Coachella.

« Tu es au chomdu, tu as du temps, viens te changer les idées avec nous », m'avait-il dit.

J'avais prévu ensuite de passer quelques jours à Los Angeles. Mon fidèle ami Kevin, un agent influent à Hollywood, m'avait organisé des rendez-vous avec banquiers d'affaires, entrepreneurs et *senior executives* d'entreprises des médias. Je rentrai de ce séjour avec la ferme intention de monter ma propre structure.

Je n'étais pas un entrepreneur, j'étais un manager. Jamais on ne m'avait entendu dire qu'un jour je créerais une entreprise. C'est Maurice Lévy, le président emblématique de Publicis, qui me souffla cette idée, quelques semaines après mon départ de Radio France. Avec Nicolas de Tavernost, le président de M6 ou Sébastien Bazin, celui du groupe Accor, Maurice Lévy est de ceux qui m'ont manifesté très tôt amitié et soutien alors que je me retrouvais sur le carreau. La rencontre avec plusieurs entrepreneurs dans ces semaines où mon agenda était rempli de contacts anciens et nouveaux désireux de connaître mes projets professionnels fit le reste. Il me fallait désormais écrire mon projet et trouver des investisseurs pour le financer.

En effet, en quittant Radio France, je n'avais pas un sou devant moi : je n'avais pas droit au chômage en tant que mandataire social et je ne partais évidemment avec aucun *golden parachute*. Cela peut paraître difficile à croire, mais je me retrouvais du jour au lendemain sans revenu. Heureusement, Radio France et moi-même avions contracté une assurance perte d'emploi du dirigeant à laquelle nous cotisions depuis deux ans. Quand, en mai 2018, l'assurance m'écrivit qu'elle ne me couvrirait pas, mettant en avant ma condamnation par la justice pour refuser ce qu'elle me devait, la situation devint critique. Je liquidai mes assurances-vie et dus emprunter de l'argent à ma famille et à mes amis. À 40 ans, après le parcours professionnel sans faute que j'avais connu jusque-là, le coup était violent. L'information devint publique au point qu'un admirateur, fonctionnaire territorial dans une commune du Rhône, m'adressa chez moi un chèque de 1 000 euros pour m'aider à traverser cette mauvaise passe. Le geste me fit plaisir tout en me faisant de la peine, et je remerciai cet inconnu pour sa démarche en lui retournant son don. Il me fallut alors entamer un procès contre la mutuelle qui refusait de me dédommager. Finalement, après dix-huit mois de procédure en première instance puis en appel – puisque la mutuelle fit appel après avoir été condamnée une première fois –, je gagnai définitivement ce procès-là à l'automne 2020.

Par l'entremise d'amis communs, je rencontrai en mai 2018 Arthur Perticoz, un jeune entrepreneur de 28 ans. Après un premier café au Ruc où j'avais mes habitudes depuis vingt ans, trois heures plus tard nous décidions de nous associer pour créer un « Netflix audio ». C'était l'idée que j'avais développée depuis mon séjour en Californie : construire une plateforme dédiée à l'audio, permettant à la fois de retrouver tous les podcasts gratuits, notamment ceux venant des radios, mais aussi de créer de nouveaux programmes originaux développés dans les propres studios de la plateforme. Je partis une semaine en Grèce, à l'invitation de Jean-François Dubos, où je rédigeai le projet. J'avais en parallèle commencé à contacter amis et connaissances susceptibles de devenir investisseurs dans la start-up qui trouva son nom un soir où nous dînions chez le publicitaire Jean-Paul Brunier.

— Qu'est-ce que va faire ta boîte ? m'avait lancé l'un des convives, lui-même créatif dans une agence concurrente.

— Elle doit permettre de retrouver des programmes qui existent, mais qui sont trop nombreux et trop disparates pour qu'on arrive à les retrouver. Elle doit personnaliser l'expérience de chacun pour que tout le monde y trouve son compte.

— Magellan ! m'avait suggéré le publicitaire après quelques verres de cognac.

Comme le nom était déjà pris avec l'orthographe du célèbre navigateur, nous en essayâmes d'autres une fois rentrés quai du Louvre, Antoine et moi. « Majelan » était disponible. Je fis le dépôt de marque dès le lendemain.

Les semaines suivantes, le nouveau tandem du podcast que nous formions avec Arthur enchaîna les rendez-vous auprès d'investisseurs, ceux qu'on appelle des *business angels*. Nous étions hébergés dans les bureaux de Fabrice Larue, l'une de mes fidèles relations professionnelles dont j'avais fait la connaissance au temps où j'étais conseiller au ministère de la Culture. Fabrice avait envisagé de me recruter à plusieurs reprises pendant toutes ces années sans que cela aboutisse, mais nos liens étaient devenus amicaux. Il fit partie de ceux sur qui je pus compter dans cette période pleine d'incertitudes.

Les semaines passèrent et, l'été venu, Majelan avait recueilli la promesse de plus d'un million d'euros d'investissements. L'argent était le nerf de la guerre pour financer un projet aussi ambitieux. Je mis à profit nos vacances en Corse dans la belle maison en pierres sèches, verre et béton de Renaud et Gérard, à côté de Sperone, pour poursuivre mon *fundraising* en août. Je connaissais par cœur le *pitch* et le *deck* après avoir appris très vite à pratiquer l'affreux franglais adopté par les acteurs de la « start-up nation ». Les vacances sont aussi du *business* quand il s'agit de financer sa première entreprise. À la fin du mois d'août, le tour de table était presque déjà bouclé quand nous passâmes en comité d'investissement chez Idinvest. Ce fonds de capital-risque français parmi les plus réputés venait d'être acquis par Eurazeo, le fonds que pilote avec poigne l'une des rares femmes dirigeantes de la finance en France, Virginie Morgon. C'est elle qui m'avait mis en contact avec l'équipe d'Idinvest, elle aussi intéressée par le marché du podcast. Finalement, Arthur et moi dûmes être très bons ce jour-là, car quelques semaines après, le *Managing Director* du fonds, Benoist Grossmann, qui avait cru dans notre vision et notre association avec Arthur, m'appela pour me confirmer qu'il serait de l'aventure Majelan. L'histoire pouvait commencer.

Le projet fuita rapidement dans la presse et suscita de premiers échanges avec les acteurs concernés, au premier rang desquels les radios. Si le groupe M6 qui venait de prendre le contrôle de RTL se montra curieux, il était surtout prudent face à un possible nouveau concurrent. Du côté de Radio France, Sibyle Veil nous accueillit chaleureusement avec Arthur juste avant Noël 2018. Je retrouvais pour la première fois le chemin de la « Maison ronde », neuf mois après l'avoir quittée à regret. Sibyle fut amicale comme attendu et nous assura de son soutien dans notre future entreprise. Que mon ancienne maison fût de notre côté me fit chaud au cœur.

En janvier 2019, juste après avoir reçu les moyens nécessaires, nous nous installâmes dans un ancien appartement transformé en plateau de bureaux rue d'Argenteuil, dans le Ier arrondissement, proche de l'avenue de l'Opéra. Six mois plus tard, l'application Majelan était lancée.

Cette rapidité d'exécution ne nous attira pas que des compliments, loin de là ! L'exposition médiatique du projet dont j'étais la figure publique mettait une forte pression sur les équipes, au point que bien que n'étant pas prêts après seulement six mois de développement, il nous fallait quand même larguer les amarres. Dans l'univers des start-up, personne ne s'intéresse à vous tant que vous ne remportez pas un succès – ce qui explique que les trois quarts d'entre elles ne sont jamais connues car elles meurent avant. Ma présence ne nous garantissait pas le même anonymat. Impossible de se lancer loin des regards, de corriger nos *bugs*, d'améliorer notre service, d'adapter notre produit aux retours d'expérience. Il fallait que ça marche dès le premier jour. Sauf que ça ne peut pas réussir aussi vite ! Mais au-delà des *bugs* rencontrés par les premiers utilisateurs, c'est tout l'écosystème qui se cabra après avoir regardé notre projet avec une certaine bienveillance.

Pour quelques esprits chagrins, nous avions levé trop d'argent, trop facilement, et nous avions exécuté notre plan dans des délais qu'un grand groupe, privé comme public, ne peut pas tenir, ce qui provoque crispation, envie et même jalousie chez celles et ceux qui manquent de confiance en leur propre talent. Des podcasteurs libertariens aux grands groupes de radio, les vents se mirent à souffler de face, plein nord. Les radios qui diffusaient leurs podcasts gratuitement chez

Apple ou Google depuis des années nous refusèrent finalement les mêmes conditions de distribution. Face à une attitude d'une évidente discrimination – la question d'une distorsion de concurrence étant posée –, je ne pouvais m'empêcher de penser qu'en mon absence Majelan eût rencontré plus d'indifférence et moins de difficultés. Un an après mon éviction de Radio France, le succès d'une nouvelle aventure professionnelle que je portais gênait encore.

Finalement, six mois après le lancement, Arthur et moi décidâmes de faire ce qu'on appelle un pivot dans le langage start-up, c'est-à-dire un changement radical : Majelan allait désormais être un service 100 % payant produisant des contenus de développement personnel. Il fallait quitter aussi notre positionnement éditorial généraliste pour ne pas nous retrouver en concurrence frontale avec Spotify qui, depuis janvier 2019, investissait des centaines de millions de dollars dans le podcast.

Le début de l'année 2020 marquait donc un nouveau départ pour l'entreprise. L'heure était aussi venue pour moi de repasser devant la justice, mon procès en appel étant audiencé en février. Mais deux événements vinrent perturber le cours du temps judiciaire : d'une part la grève des avocats en lien avec la réforme de leur régime de retraite, d'autre part une question prioritaire de constitutionnalité (QPC) que la cour d'appel de Paris avait accepté de transmettre à la Cour de cassation dans une autre affaire de favoritisme. Ce que le tribunal de Créteil avait rejeté en 2017 allait peut-être connaître une nouvelle lecture devant la plus haute juridiction de l'ordre judiciaire. Le procès fut donc renvoyé en fin d'année.

À Paris, sur l'île de la Cité, ce 9 décembre 2020, l'ambiance n'avait plus rien à voir avec la tension provoquée par la présence en masse des journalistes trois ans plus tôt à Créteil. De journaliste, je ne vis pas le bout du moindre stylo à bille, ce qui était d'ailleurs appréciable. Sous les bois blonds et les peintures 1900 de la XIIe chambre de la cour d'appel de Paris, il n'y avait que les trois juges, le procureur, la greffière et un gendarme d'un côté, mes trois avocats et celui d'Anticor de l'autre. La petite salle vide qui donnait sur le quai des Orfèvres offrait toutes les images de la justice telle qu'on se la figure dans les livres, les séries télé ou les documentaires. Nous avions deux demi-journées d'audience pour que le dossier pût cette fois-ci être traité avec la durée et l'attention qu'il méritait. Parmi les changements, maître Jean-Michel Darrois avait tenu à venir en personne épauler Christophe et Rémi dans une répartition des rôles bien huilée. Nous avions aussi appelé à témoigner les deux responsables des entreprises avec lesquelles j'avais signé les contrats litigieux.

Je dus me présenter, décliner mon identité et préciser mon activité, mes revenus et mes biens qui donnèrent lieu à un échange qui mérite sa place dans ce récit.

— Quelle est votre activité ? demanda la présidente derrière son masque en tissu écossais.

— Je dirige une entreprise innovante, une start-up, ou jeune pousse, qui produit et distribue des podcasts, des émissions audio à la demande (Christophe m'avait prévenu de ne pas employer d'anglicisme face aux magistrats).

— Et vous gagnez de l'argent avec cette activité ?

— Oui, mais nous en perdons davantage parce que l'entreprise est en développement et que nos investisseurs financent sa croissance dans un premier temps.

— C'est donc une activité à perte ?

— C'est en effet le cas dans le modèle des jeunes pousses.

— Et quels sont vos revenus personnels ?

— Autour de 8 000 euros, madame la présidente.

— Ce sont vos revenus annuels ?

Je me retournai vers Jean-Michel pour chercher du regard quelqu'un qui aurait entendu la même remarque que moi.

— Euh, non, mensuels, madame la présidente. 8 000 euros annuels, ça ne fait même pas 700 euros par mois.

— Ah oui, c'est vrai.

Le doute sur la compréhension du dossier à venir s'installa rapidement dans mon esprit. Les juges ne regardent-ils pas leur feuille de paie à la fin du mois ?

— Avec vos remboursements de crédits, dites donc, il ne vous reste pas grand-chose pour vivre. Les impôts à Arcachon, ça doit être élevé en plus, commenta la présidente.

— C'est à Villeneuve-sur-Lot que la taxe foncière est la plus élevée. Quand il y a peu d'activité économique dans une ville, vous savez, c'est sur les particuliers que pèsent les impôts.

L'entrée en matière n'était pas de bon augure.

Ensuite vint le tour de l'audition des témoins. L'un d'eux, associé au cabinet Roland Berger, avait quitté la France pour diriger leur bureau de Montréal et ne pouvait témoigner qu'en visioconférence. La connexion avec le Canada donna lieu à une scène digne de *Vidéo Gag* – les rires préenregistrés en moins – tellement le système informatique de la cour d'appel était peu adapté aux dernières évolutions technologiques. Au point que la présidente, dont on devinait l'énervement grandissant au fil des longues minutes d'échecs successifs de connexion, entama son échange avec Montréal grâce à la caméra du compte WhatsApp de maître Ingrain qui tenait en face d'elle son téléphone portable à bout de bras. L'informaticien dut faire preuve de persévérance et d'ingéniosité pour finalement permettre à la cour d'interroger ce témoin important via une caméra et de grands écrans télé, autrement plus conformes à la solennité des lieux et aux enjeux que la messagerie cryptée d'un portable. À Paris comme à Créteil, le manque de moyens pour la justice était criant. Je n'avais pas envie de plaindre les magistrats – j'avais de bonnes raisons pour cela –, mais je ne pouvais ôter de mon esprit l'idée qu'ils exerçaient leur mission dans des conditions indignes de leurs responsabilités.

Au second jour du procès, et en l'absence de tout public – la pandémie de Covid ajoutait du vide au vide –, vint le tour du réquisitoire et des plaidoiries. L'avocat général nous avait déjà gratifiés de ses états de service au mois de février, avant de décider de repousser le procès en raison d'une QPC : il portait l'accusation au procès en appel de l'arbitrage Bernard Tapie contre le Crédit Lyonnais. C'était, on le sentait dans ses mots choisis et son ton affecté, son moment de gloire. Las, ledit procès avait dû être interrompu en novembre en raison de l'état de santé du principal accusé. Il n'était donc pas rassasié quand arriva mon tour, en décembre. Il était même certainement frustré. Son argumentation contre moi était simple, voire basique : mon procès était le procès d'un mode de management, celui des entreprises privées qu'on veut imposer aux établissements publics.

— Mathieu Gallet, déclara-t-il, considérait que les fonctionnaires de l'INA n'étaient pas capables de bâtir eux-mêmes une stratégie, c'est pour ça qu'il est allé chercher des consultants dans le privé, sans compter.

C'était un peu court comme argument, et les salariés de l'INA ne sont pas fonctionnaires, mais cela reprenait le raisonnement de l'enquête, lui-même inspiré par les propos des subordonnés qu'Agnès Saal avaient fait venir dans ses bagages et qui étaient repartis aussitôt leur protectrice démissionnée.

Quinze mois plus tard, on en était là encore quand « l'affaire McKinsey » vint perturber la campagne présidentielle de 2022. Le public contre le privé, les fonctionnaires contre les consultants, les forces vives de l'administration contre les experts de passage. Le procès de l'État qui fait travailler des consultants devint politique, d'autant plus quand on apprit que certains d'entre eux ne payaient pas d'impôts sur les sociétés en France depuis une dizaine d'années. J'étais pour ma part surpris d'apprendre que l'État et ses opérateurs avaient les moyens de « se payer » McKinsey dont, dans mes souvenirs d'appels d'offres, les tarifs étaient très supérieurs à ceux de ses concurrents directs.

Tout n'était donc que lutte des classes entre des fonctionnaires forcément méprisés d'un côté et des consultants forcément surpayés de l'autre.

— Je pensais qu'en 2020 nous n'en étions plus là, mais si, quand on écoute Monsieur l'avocat général ! avait attaqué maître Ingrain dès le début de sa plaidoirie.

Dernier à plaider « au bénéfice de l'âge », comme il le dit avec coquetterie, le sphynx Darrois était chargé de faire mon portrait au prisme de toute cette affaire. La décision de Créteil, bâtie sur une enquête à charge, était venue faucher un parcours que j'avais choisi d'exercer dans le service public, ce qui est peu commun quand on n'est pas fonctionnaire, alors même que mon action à Radio France avait été unanimement saluée lors de mon départ. Ma carrière en avait été détruite, sans considération pour la présomption d'innocence. La cour, seule, pouvait désormais rétablir mon honneur.

J'étais, selon la règle, le dernier à m'exprimer. Je pris la parole devant les trois juges, mais mes mots se perdirent sous le poids de l'émotion, la gorge nouée, les yeux embués, le visage grimaçant qu'un masque chirurgical dissimulait partiellement. J'avais été secoué par la plaidoirie de Jean-Michel Darrois. Par-delà son aisance rhétorique et la logique de sa démonstration, il m'avait touché au cœur. Car il avait parlé de ceux auxquels j'avais pensé tout au long de ces heures face à la justice, en 2017 comme en 2020 : mes parents. C'était autant pour eux que pour moi que j'avais la rage de me battre et de ne pas ployer sous les accusations mensongères des envieux et des jalouses. Je n'étais pas un homme malhonnête, encore moins un magouilleur. Je ne m'étais en rien enrichi des faits qui m'étaient reprochés. Mes valeurs étaient celles que m'avait transmises ma famille : le travail, le respect, le prix des choses, le sens des responsabilités.

Deux mois plus tard, en février 2021, maître Darrois était allé seul écouter la décision rendue au palais de justice : j'étais relaxé pour deux des quatre faits de prévention, la cour supprimait toute intentionnalité à mon délit ainsi que toute peine de prison. La mauvaise application des règles de gestion à l'INA m'avait amené devant le juge pénal, c'était déjà beaucoup quand, de l'avis de certains à la Cour des comptes, la procédure aurait pu me conduire devant la Cour de discipline budgétaire et financière mais pas au tribunal judicaire. Il n'y avait en effet aucune intention délictuelle de ma part comme le reconnaissait, enfin, par son jugement la Cour d'appel de Paris. Je devais néanmoins m'acquitter d'une amende et des dédommagements pour Anticor qui s'était constitué partie civile. Dans le week-end, après en avoir discuté avec lui, je fis connaître ma décision à Jean-Michel : je n'irais pas en cassation. J'étais déjà passé à autre chose dans ma vie professionnelle, j'avais envie de tourner définitivement cette page douloureuse pour ceux qui m'aimaient. J'allais payer mon amende dans le mois. L'essentiel était ailleurs, j'avais retrouvé mon honneur.

La vie devant soi

La pluie s'était arrêtée de tomber à l'heure du déjeuner.

— On va pouvoir mettre la table sur la terrasse, si ça te va ? me demanda Régis.

— J'ai envie de descendre jusqu'au Belon avant. Montre-moi le passage dans le rocher. »

La balade dans le jardin en pente raide nous conduisit jusqu'au sentier des douaniers d'où nous descendîmes ensuite au bord de ce bras de mer où se rencontrent la rivière et l'océan.

— Comment tu vis ta nouvelle vie et comment tu regardes celle d'avant ? Tu as gardé quels rapports avec Radio France ? me questionna-t-il ensuite, alors que je préparais une grande salade composée.

— J'aime la liberté que m'offre mon activité d'entrepreneur. Tout va vite, ça me change ! Mais quand j'écoute Radio France, je suis à la fois fier d'entendre que ce que j'ai mis en place il y a sept ans marche toujours bien et triste que l'histoire se soit achevée ainsi. C'est une fin moche. Je ne méritais pas ça.

— Tu n'as jamais voulu raconter toute cette histoire ?

— On me l'a proposé à plusieurs reprises en 2018, après mon départ. Je n'ai pas voulu donner suite. Je suis passé tellement vite à autre chose avec Majelan. Mais ma mère me dit de ne pas taire tout ce que j'ai vu et ressenti pendant ces années. Et ce gâchis à cause d'une rumeur dégueulasse.

— Tu crois que tu as payé la rumeur ?

Silence.

Je résumais l'enchaînement des faits qui avaient conduit à ma chute et mon départ contraint de Radio France.

Tout était parti de la décision de l'État de ne pas honorer son engagement financier pour la radio publique en 2015. Le gouvernement socialiste avait sabré 20 millions d'euros au budget quelques mois après mon arrivée. J'avais dû alors engager un plan d'économies importantes en même temps que je déployais le projet stratégique sur lequel le CSA m'avait élu. Pour contrer cette volonté doublée d'une nécessité de réformes puissantes, certains syndicats de Radio France avaient utilisé l'affaire du bureau pour m'empêcher de les mener à bien. Le gouvernement, qui n'avait pas soutenu ma nomination un an plus tôt, avait alors tenté d'en profiter pour me virer. Ne pouvant pas me prendre en défaut de bonne gestion à Radio France, on était allé chercher du côté de l'INA. Pour découvrir *in fine* que ma successeure avait profité de sa position pour détourner des moyens publics à ses fins personnelles et mettre en cause deux contrats de consultants ayant travaillé pour l'établissement à l'époque où je le dirigeais. La machine judiciaire était lancée à l'été 2015. Après deux années d'enquête, tout s'accéléra soudainement, quelques semaines seulement après l'arrivée au pouvoir d'une nouvelle majorité présidentielle. Mon renvoi devant la justice permettait à l'occasion de solder un différend entre Radio France et l'éphémère garde des Sceaux. En 2018, à la suite de ma condamnation, mon éviction donnait enfin l'occasion tangible de tuer la rumeur qui m'avait attribué une relation intime avec le nouveau président de la République. Une pierre, deux coups. Fin de l'histoire.

J'étais venu passer trois jours seul en Bretagne chez Régis qui m'y avait invité pendant des années sans que j'eusse pris le temps d'y aller. Antoine et moi étions séparés depuis quelques mois après une belle histoire de six ans. La Maréchale du *Chevalier à la rose* avait vécu l'expérience des jeunes amants que leur jeunesse rapproche inévitablement. Pourtant, à la différence de l'héroïne de Richard Strauss, je n'avais pas renoncé à l'amour. Je venais de le retrouver en la personne de Luc. Mais celui-ci, en cet été 2021, était retenu aux Pays-Bas où je le rejoindrai en juillet.

— Tu sais, c'est la seule chose positive que m'aura apportée cette rumeur, ma rencontre avec Luc.

— Ah bon, pourquoi ça ?

— Luc a découvert mon existence l'an dernier au cours d'une discussion avec son oncle, qui est gay et vit à Angoulême. Il faisait référence à l'homosexualité supposée d'Emmanuel Macron et à la relation qu'on lui avait prêtée avec le patron de Radio France pendant la campagne présidentielle. Luc est ensuite allé chercher sur Google qui était ce Mathieu Gallet, et…

— Et alors ?

— Et alors j'ai dû l'intriguer, et même un peu plus, car il est venu me parler sur Instagram et notre échange a commencé !

— Ah, donc tu vois que ça t'a servi d'avoir fait *Voici* et *Closer* ! ironisa Régis.

Régis Wargnier était un ami depuis une dizaine d'années. Quand j'avais fait sa connaissance par des amis communs, m'étaient revenues des images télé de lui recevant son Oscar pour *Indochine*, cette belle fresque historique et romantique avec Catherine Deneuve et Vincent Perez que j'avais vue à sa sortie en 1992 au Cyrano, le cinéma de Villeneuve-sur-Lot.

Régis me rappela, pendant que nous profitions d'un rayon de soleil sur sa terrasse en teck, un épisode que ma mémoire récente avait occulté. En 2016, il avait été appelé et invité à déjeuner par Brigitte Macron. Les Macron recevaient beaucoup, surtout des artistes et des gens du showbiz, quand ils habitaient l'un des appartements de fonction ministériels de Bercy. La future première dame voulait savoir alors si le réalisateur était au courant des rumeurs qui circulaient dans Paris sur l'homosexualité de son mari. Elle lui demanda si j'étais informé que ce bruit m'impliquait aussi.

— Le mieux, c'est de le demander à Mathieu, lui avait-il répondu. Je vais l'appeler.

Dans l'après-midi, il m'avait téléphoné et j'avais souri en lui rappelant que j'avais plus de huit cents journalistes à Radio France, et qu'il aurait été étonnant, et même *unprofessional,* qu'au moins l'un d'entre eux ne le sût pas et ne me remontât pas l'information.

J'ai certainement sous-estimé l'impact que ces bruits de caniveau ont eu sur la candidature à l'élection présidentielle d'Emmanuel Macron en 2017. Son équipe suivait de près les réseaux sociaux et les requêtes concernant cette question sur Google. On a su après la campagne à quel point des ingérences venant notamment de Russie avaient pu relayer et amplifier ces calomnies. J'ai aussi mésestimé la brutalité d'un tel ragot pour le couple Brigitte et Emmanuel Macron compte tenu de leur histoire singulière et d'un parcours sentimental aventureux, que la rumeur leur a fait payer en différé. La violence de la politique, je crois que personne n'y est tout à fait prêt avant de l'avoir vécue.

Les souvenirs que Régis ravivait, assis sur la terrasse dans ce jardin suspendu au-dessus de la mer, me replongeaient dans cette histoire que j'avais fini non pas par oublier – comment l'oublier ? –, mais que j'avais reléguée dans le passé.

La pluie se remit à tomber en fines gouttes continues.

— Tu devrais l'écrire ce livre.

— Je sais. Il fait un temps pour écrire. Mais ensuite, on en fera une série. Tu es d'accord pour en être le metteur en scène ?

— Chiche !

Je montai au premier étage de cette maison bretonne moderne pour écrire les premières scènes de ce récit.

Quatre années ont passé depuis mon départ de Radio France. Quatre années où j'ai dû réinventer mon avenir professionnel en prenant le risque de me lancer dans une aventure entrepreneuriale. J'ai appris un nouveau métier, j'ai rencontré de nouvelles personnes venant d'horizons que je ne connaissais pas – les fonds d'investissements, le capital-risque. J'ai travaillé pendant trois ans avec des collaborateurs dont la jeunesse m'oblige à repenser mon rapport au management. À 45 ans, j'en tire un enrichissement humain et professionnel indéniable et précieux pour l'avenir.

J'ai toujours envie de prendre toute ma part dans la transformation nécessaire de notre écosystème média. La création culturelle française, celle que je connais le mieux, c'est-à-dire celle de l'audiovisuel, de l'image et du son, est quant à elle face à un défi majeur pour ne pas sortir de l'Histoire. La bataille de l'attention se joue désormais à coups de dizaines de milliards de dollars annuels. La course aux talents dans laquelle sont lancées les plateformes américaines menace de ne laisser que des miettes aux productions nationales.

Les barrières intelligemment établies en France dans l'après-guerre pour le cinéma et au cours des années 1980 et 1990 pour la télévision sont inopérantes dans le monde digital globalisé. L'Europe et la France ont eu raison d'adapter leurs législations concernant les investissements obligatoires dans la création aux nouveaux acteurs internationaux. Mais il ne faut pas s'y tromper, si des entreprises européennes n'atteignent pas la taille critique adéquate pour continuer à commander et à diffuser les œuvres produites sur notre continent, les capitaux, les centres de décision et le *final cut* basculeront pour longtemps du côté de Los Gatos, Burbank, Santa Monica et Cupertino.

Nous saurons d'ici la fin de l'année 2022 si les deux principales entreprises privées de l'audiovisuel français sont autorisées à fusionner et sous quelles conditions. C'est pour moi une étape nécessaire mais non suffisante pour structurer le paysage national. D'une fusion défensive, il faudra que le nouveau groupe s'invente un avenir par l'innovation et l'investissement dans le digital. C'est une révolution copernicienne qui reste à faire pour passer de diffuseur à plateforme.

Quant à l'audiovisuel public, même si j'ai pu par le passé exprimer mes réserves sur la constitution d'une «BBC à la française», le statu quo n'est ni possible ni souhaitable. La fusion TF1-M6 apportera au nouveau groupe l'activité radio de RTL et de ses chaînes musicales, si bien que tous les groupes privés seront à la fois radio-télé-numérique – TF1-M6 avec RTL,

RTL2 et Fun ; Canal+ avec Europe 1, RFM et Virgin Radio ; BFMTV, ses chaînes locales ainsi que les chaînes et la radio RMC. Il apparaît logique et nécessaire que le service public connaisse le même mouvement en fusionnant ses entités pour dégager des synergies et une force de frappe indispensable pour peser sur un marché dont les investissements vont croissant sous la pression concurrentielle des plateformes américaines.

L'année 2023 offre une perspective pour mettre en œuvre cette réforme systémique pour le service public : les mandats des dirigeantes de Radio France et de France Médias Monde se terminent en principe au printemps prochain. La création d'une nouvelle structure pour l'audiovisuel public pourrait donc se faire dans le respect des personnes et sans provoquer de crise au niveau managérial. Le schéma de transformation devra cependant être prêt avant la fin 2022 pour respecter un calendrier de mise en œuvre au deuxième trimestre 2023.

La France ne peut pas regarder sa culture et ses médias se maginaliser, se paupériser sans réaction. Il en va de notre souveraineté culturelle et de notre identité en tant que puissance culturellement indépendante. La pensée, les idées et la création d'univers imaginaires dans une langue sont des preuves essentielles de la vitalité d'un peuple et d'une nation. S'il est un (grand) remplacement qui devrait préoccuper et faire agir nos dirigeants, c'est bien celui de notre culture, de notre mode de vie et de notre sensibilité au monde, que la puissance écrasante des acteurs de l'*entertainment* américain est en train de produire et de réaliser. C'est en étant fidèles à l'esprit de Beaumarchais, aux conquêtes des pères du CNC en 1946 et aux combats pour l'exception culturelle des années 1990 que nous pourrons donner en tant que nation un avenir à notre identité de peuple français.

Au cours des sept années que j'ai partagées de façon subjective et personnelle dans le récit qui s'achève, s'est renforcée la conviction déjà ancienne que je ne pouvais pas rester spectateur du monde qui m'entoure. Je n'ai pas tout réussi ni tout bien fait dans les responsabilités qui ont été les miennes – je n'aurais pas connu un arrêt aussi brutal de mes fonctions dans le cas contraire. J'ai pu faillir par excès de confiance en moi, par candeur aussi vis-à-vis du milieu dans lequel j'exerçais mes missions, par manque de vécu sous certains aspects. J'ai appris et payé le prix fort pour apprendre de mes erreurs. Je l'ai aussi fait payer involontairement à ceux qui m'aimaient, à ceux qui ont cru en moi, à ceux qui se sont engagés à mes côtés. Par-delà les reproches et les critiques que j'ai pu lire ou entendre, et dont certains étaient fondés, je ne me suis jamais départi du sentiment d'avoir été utile au service de la culture et des médias de mon pays.

C'est la place où je me sens toujours le plus légitime aujourd'hui et où je continuerai demain à partager mes convictions pour donner vie et sens à mes actions.

Remerciements

Je tiens à remercier celles et ceux, amis, collègues et collaborateurs qui m'ont suivi, soutenu, fait confiance au cours de ces années d'une carrière riche en événements, en succès et en difficultés.

Merci à mes parents qui m'ont donné les valeurs et les dispositions d'esprit pour être celui que je suis devenu.

Merci à Emmanuelle, Pierre, Emmanuel, Alexandre, Mathieu et Paul dont l'amour et l'affection m'ont donné la force d'écrire sur ma vie.

Merci à Maïa, Régis et Denis pour avoir été les premiers lecteurs exigeants et attentifs de ce récit.

Merci à Jean-Luc Barré de m'avoir accompagné dans cette entreprise par son soutien et ses conseils que je me suis efforcé de suivre.

Table

Imprimé en France par CPI
en avril 2022

La photocomposition de cet ouvrage
a été réalisée par
GRAPHIC HAINAUT
30, rue Pierre Mathieu
59410 Anzin

MIXTE
Papier issu de
sources responsables
FSC® C003309
FSC
www.fsc.org

L'éditeur de cet ouvrage s'engage dans une démarche
de certification FSC® qui contribue à la préservation
des forêts pour les générations futures.

Pour en savoir plus :
www.editis.com/engagement-rse/

N° d'édition : 63751/01
N° d'impression : 168312